Ulrich Mack
Ich steh an deiner Krippe hier
Begegnungen in Bethlehems Stall

Ulrich Mack

Ich steh an deiner Krippe hier

Begegnungen in Bethlehems Stall

SCM

Stiftung Christliche Medien

Der SCM Verlag ist eine Gesellschaft der Stiftung
Christliche Medien, einer gemeinnützigen Stiftung, die sich für
die Förderung und Verbreitung christlicher Bücher,
Zeitschriften, Filme und Musik einsetzt.

© der deutschen Ausgabe 2015
SCM-Verlag GmbH & Co. KG
Max-Eyth-Straße 41 · 71088 Holzgerlingen
Internet: www.scmedien.de · E-Mail: info@scm-verlag.de

Die Bibelverse sind, wenn nicht anders angegeben,
folgender Ausgabe entnommen:
Lutherbibel, revidierter Text 1984, durchgesehene Ausgabe
in neuer Rechtschreibung 2006,
© 1999 Deutsche Bibelgesellschaft, Stuttgart.

Die Krippenfiguren wurden
von Gerhard Stauch, Filderstadt, geschnitzt.

Umschlaggestaltung: Kathrin Spiegelberg, Weil im Schönbuch
Titelbild und Bilder im Innenteil: Ulrich Mack
Satz: typoscript GmbH, Walddorfhäslach
Druck und Bindung: CPI books GmbH, Leck
Gedruckt in Deutschland
ISBN 978-3-7751-5677-6
Bestell-Nr. 395.677

Inhalt

Frohe Weihnachten 7

Weihnachtsberichte in der Bibel 9

Die Krippe 15

Die Windeln 23

Maria 31

Josef 39

Die Engel 47

Die Hirten 61

Die Geschenke der Weisen 71

Der Esel 81

Der Christbaum 91

Spannende Weihnachten 99

Die Weisen 113

Das menschgewordene Wort 123

Frohe Weihnachten

wünsche ich Ihnen. Ein helles, glückvolles Feiern. Ein Fest, auf das Sie sich freuen und an das Sie gern zurückdenken.

Nun weiß ich auch: Ein solcher Wunsch sagt sich leicht. Aber froh Weihnachten feiern – das fällt vielen Menschen schwer. Persönliche Erfahrungen und Enttäuschungen können die Freude bremsen. Oder auch der Eindruck: Zu viele Schichten an Tradition, oberflächlichem Glitzer und Kitsch haben sich um dieses Fest gelegt.

Was bedeutet Weihnachten? Was ist sein Kern? Warum feiern wir? Ich möchte Sie einladen, mitzugehen zur Mitte des Festes, zum Kind in der Krippe, zum Geburtstag von Jesus Christus.

Den Kapiteln dieses Buches liegen Ansprachen an Heiligabend und an den Weihnachtsfeiertagen zugrunde; sie wurden vor allem in der Stiftskirche in Stuttgart gehalten. Die ersten Kapitel gehen den Krippenfiguren entlang. Maria und Josef, Hirten, Engel und Esel können je auf ihre Weise Zugänge zum Weihnachtswunder öffnen. Danach folgen Auslegungen der Weihnachtsbotschaft von Matthäus, Lukas und Johannes. So soll das Buch helfen, der Tiefe und Weite dieses Festes nachzudenken.

Ich wünsche Ihnen gute Begegnungen in Bethlehems Stall. Und so frohe Weihnachten!

Ulrich Mack

Weihnachtsberichte in der Bibel

Lukasevangelium

Es begab sich aber zu der Zeit, dass ein Gebot von dem Kaiser Augustus ausging, dass alle Welt geschätzt würde.

Und diese Schätzung war die allererste und geschah zur Zeit, da Quirinius Statthalter in Syrien war.

Und jedermann ging, dass er sich schätzen ließe, ein jeder in seine Stadt.

Da machte sich auf auch Josef aus Galiläa, aus der Stadt Nazareth, in das jüdische Land zur Stadt Davids, die da heißt Bethlehem, weil er aus dem Hause und Geschlechte Davids war,

damit er sich schätzen ließe mit Maria, seinem vertrauten Weibe; die war schwanger.

Und als sie dort waren, kam die Zeit, dass sie gebären sollte.

Und sie gebar ihren ersten Sohn und wickelte ihn in Windeln und legte ihn in eine Krippe; denn sie hatten sonst keinen Raum in der Herberge.

Und es waren Hirten in derselben Gegend auf dem Felde bei den Hürden, die hüteten des Nachts ihre Herde.

Und der Engel des Herrn trat zu ihnen, und die Klarheit des Herrn leuchtete um sie; und sie fürchteten sich sehr.

Und der Engel sprach zu ihnen: Fürchtet euch nicht! Siehe, ich verkündige euch große Freude, die allem Volk widerfahren wird;

denn euch ist heute der Heiland geboren, welcher ist Christus, der Herr, in der Stadt Davids.

Und das habt zum Zeichen: Ihr werdet finden das Kind in Windeln gewickelt und in einer Krippe liegen.

Und alsbald war da bei dem Engel die Menge der himmlischen Heerscharen, die lobten Gott und sprachen:

Ehre sei Gott in der Höhe und Friede auf Erden bei den Menschen seines Wohlgefallens.

Und als die Engel von ihnen gen Himmel fuhren, sprachen die Hirten untereinander: Lasst uns nun gehen nach Bethlehem und die Geschichte sehen, die da geschehen ist, die uns der Herr kundgetan hat.

Und sie kamen eilend und fanden beide, Maria und Josef, dazu das Kind in der Krippe liegen.

Als sie es aber gesehen hatten, breiteten sie das Wort aus, das zu ihnen von diesem Kinde gesagt war.

Und alle, vor die es kam, wunderten sich über das, was ihnen die Hirten gesagt hatten.

Maria aber behielt alle diese Worte und bewegte sie in ihrem Herzen.

Und die Hirten kehrten wieder um, priesen und lobten Gott für alles, was sie gehört und gesehen hatten, wie denn zu ihnen gesagt war.

Lukas 2,1-20

Matthäusevangelium

Als Jesus geboren war in Bethlehem in Judäa zur Zeit des Königs Herodes, siehe, da kamen Weise aus dem Morgenland nach Jerusalem und sprachen:

Wo ist der neugeborene König der Juden? Wir haben seinen Stern gesehen im Morgenland und sind gekommen, ihn anzubeten.

Als das der König Herodes hörte, erschrak er und mit ihm ganz Jerusalem,

und er ließ zusammenkommen alle Hohenpriester und Schriftgelehrten des Volkes und erforschte von ihnen, wo der Christus geboren werden sollte.

Und sie sagten ihm: In Bethlehem in Judäa; denn so steht geschrieben durch den Propheten (Micha 5,1):

»Und du, Bethlehem im jüdischen Lande, bist keineswegs die kleinste unter den Städten in Juda; denn aus dir wird kommen der Fürst, der mein Volk Israel weiden soll.«

Da rief Herodes die Weisen heimlich zu sich und erkundete genau von ihnen, wann der Stern erschienen wäre,

und schickte sie nach Bethlehem und sprach: Zieht hin und forscht fleißig nach dem Kindlein; und wenn ihr's findet, so sagt mir's wieder, dass auch ich komme und es anbete.

Als sie nun den König gehört hatten, zogen sie hin. Und siehe, der Stern, den sie im Morgenland gesehen hatten, ging vor ihnen her, bis er über dem Ort stand, wo das Kindlein war.

Als sie den Stern sahen, wurden sie hocherfreut

und gingen in das Haus und fanden das Kindlein mit Maria, seiner Mutter, und fielen nieder und beteten es an und taten ihre Schätze auf und schenkten ihm Gold, Weihrauch und Myrrhe.

Und Gott befahl ihnen im Traum, nicht wieder zu Herodes zurückzukehren; und sie zogen auf einem andern Weg wieder in ihr Land.

Matthäus 2,1-12

Die Krippe

Jedes Jahr feiern wir sie, die Heilige Nacht. Die Nacht mit Kerzen und Geschenken, mit Weihnachtsbaum und Liedern – und mit ihrer Mitte. Um sie haben sich im Lauf der Jahrhunderte viele Schichten an Tradition und Festlichkeit gelegt. Aber die Mitte des Festes bleibt jener Stall in Bethlehem, Maria und Josef darin, Hirten und Könige dabei, auch Ochs und Esel können dazugehören. Und im Zentrum: das Kind in der Krippe. Jesus im Futtertrog. Maria, so erzählt das Evangelium, wickelte ihren Sohn in Windeln und legte ihn in eine Krippe.[1] Auf Weihnachtsmärkten wird sie gezeigt, die Krippe. »Krippenspiele« führen sie im Namen, und auf Weihnachtsbildern hat sie oft ihren prominenten Platz in der Mitte. Ich weiß natürlich nicht, wie die Krippe damals in Bethlehems Stall ausgesehen hat. Es gibt ja unterschiedliche Futterkrippen – manche aus hartem, manche aus weichem Holz gemacht. Es gibt kleine und große Krippen, alte und junge, standfeste und wacklige. So, wie wir auch ganz

---

[1] Lukas 2,7

verschiedene Menschen sind, aus unterschiedlichem Holz geschnitzt, hart oder weich. Die einen, die mit beiden Beinen fest im Leben stehen, und die anderen, die gerade nicht mehr so stabil dran sind, weil etwas wankend geworden ist – die Gesundheit oder der Arbeitsplatz oder die Liebe.

Aber was mache ich da? Menschen mit einem Holzgestell vergleichen? Doch der Vergleich ist vielleicht gar nicht so verkehrt. Eine Krippe erinnert an die Szene damals in Bethlehem. Aber könnte es sein, dass sie in einem tieferen Sinn zu einem Spiegel dafür wird, was mit uns an Weihnachten geschehen kann?

Immerhin hat der Futtertrog die Ehre, in der Weihnachtsgeschichte vorzukommen. Und das ja nur deshalb, weil er einmal auf eine ganz besondere Weise gefüllt wurde. Normalerweise war die Krippe mit Stroh gefüllt und mit Gras, vielleicht auch mit Kraut und Rüben – mit allem eben, was Futter so ausmacht. Aber in jener Nacht geschah es: Da wurde die Krippe anders gefüllt. Jesus wurde in sie hineingelegt. Der Futtertrog wurde zum Kinderbett. Die Rüben mussten raus. Das Heu musste weichen. Das Stroh wurde zum Polster verwandelt, damit Jesus darin Platz hatte. So wurde die Krippe neu gefüllt.

Genau das meint Weihnachten. Gott will uns neu füllen. Er will etwas von sich in uns hineinlegen, etwas von seiner Heiligkeit. Etwas von seinem Licht. Etwas von seiner Kraft der Versöhnung. Gott füllt die Krippe unseres Lebens mit seiner Liebe. Der Apostel Johannes hat das begriffen, wenn er schreibt: »*Darin ist erschienen die Liebe Gottes unter uns, dass Gott seinen eingebornen Sohn gesandt hat.*« [2]

Weihnachten ist Gottes Liebeserklärung an uns. Und die ist sehr persönlich gemeint, gerade im Feiern der Heiligen Nacht: Gott liebt Sie und mich. Seine Liebe will er in unsere Lebenskrippe hineinlegen.

Und wo seine Liebe Raum gewinnt, da muss und kann auch einiges raus. So wie damals Kraut und Rüben aus dem Futtertrog weichen mussten, weil Jesus kam. Wir sind oft mit so vielem gefüllt: mit Eigensucht und Ehrsucht, mit seelischen Wunden und allem, was daraus entsteht: Hass und Unzufriedenheit und Trennung. Gerade in der Weihnachtszeit und besonders am Heiligen Abend brennt in vielen Menschen die tiefe Sehnsucht, dass manches noch einmal ganz anders wird. Dass die Familie wieder zusammenkommt. Dass man sich mit jenem Mitmenschen noch mal versteht. Dass Hass endlich begraben und wieder Frieden wird. Und nun geschieht es damals in jener

---

[2] 1. Johannes 4,9

Nacht – und es geschieht immer dort, wo sich eine Lebenskrippe dafür öffnet: Da gibt Gott seine Liebe hinein. Da legt er Jesus in unser Leben. Da schenkt er Versöhnung in die Nacht. Das meint der Engel: Zu euch kommt *große Freude; denn euch ist heute der Heiland geboren.*[3]

Damals wurde die Krippe neu gefüllt. Was nützt uns denn Weihnachten, wenn nur die Kaufhauskassen gut gefüllt sind? Was nützt es uns, wenn der Gabentisch reich gefüllt ist und die Putenbrust auch – und danach auch unser Magen? Aber wenn wir innerlich leer bleiben?

Es hat schon seinen tieferen Sinn, wenn uns das Evangelium erzählt, dass Jesus gerade in einen Futtertrog gelegt wurde. Normalerweise gehört ein Baby in die Wiege. Eigentlich gehört ein Kind ins Kinderbett. Oder ein moderner Sprössling in die Tragetasche des Kinderwagens. Aber Jesus liegt in der Krippe. Der Sohn Gottes kommt in den Futtertrog. So tief lässt sich Gott herab. So wichtig ist es ihm, dass Versöhnung wirklich zu uns kommt. So sehr treibt ihn die Liebe, dass Jesus in die Tiefe des Stalles kommt und dann den Weg geht bis in die Tiefe des Todes am Kreuz. Krippe und Kreuz sind die Zeichen dafür, wie tief sich der

---

[3] Lukas 2,10f

lebendige Gott zu uns beugt. Und seitdem Jesus in die Tiefe der Krippe von Bethlehem kam, seitdem ist kein Mensch so weit von Gott weg, dass er nicht in die offenen Arme des Vaters umkehren könnte.

Seit Jesus in die Tiefe des Todes am Kreuz gestiegen ist, seitdem ist keine Schuld so groß, dass Gott sie nicht vergeben und mit uns neu anfangen könnte. Die Krippe damals wurde neu gefüllt. Darum muss heute kein Mensch leer ausgehen an Liebe und neuem Mut.

Die Krippe wurde neu gefüllt. Und dann hat sie Jesus getragen. Auch darin soll sie Bild sein für unser Leben. Ich weiß: Wir feiern Weihnachten nicht in einer heilen Welt. Anschläge im Irak, Schüsse unter Palästinensern, Kämpfe in Syrien, Hunger und Elend in den Flüchtlingslagern. Auch an den Weihnachts-Festtagen wird gestritten und gelitten. Auch am Heiligen Abend wird geschossen und zerstört. Und das nicht nur im Großen. In wie viel Menschenherzen geht es ähnlich zu? In wie viel Familien und Ehen wird der weihnachtliche Waffenstillstand allzu schnell wieder gebrochen? Und in wie vielen Bereichen unseres gesellschaftlichen Miteinanders herrscht ein Klima des Gegeneinanders und Misstrauens? Weihnachten macht Mut, immer wieder neu eine Kultur der Barmherzigkeit einzuüben: Gegen die Ellenbogenmentalität eine Kultur der Güte; gegen

Abgrenzung und Ausgrenzung ein Weitertragen der Freundlichkeit, die aus dem Stall von Bethlehem in die Welt hinausleuchtet.

Lassen wir unser Leben darum zur Krippe werden, zur Krippe, die Jesus aufnimmt, die Gottes Güte in die Welt trägt und Frieden weitergibt. Und das nicht nur an den Festtagen. Auch dann, wenn der Alltag längst wieder begonnen hat und wenn die Weihnachtskrippe zu Hause wieder auf dem Dachboden steht: dann helfen Sie mit, Krippe zu sein, wo immer Sie leben.

Martin Luther King, Führer der Schwarzen in den USA und Verteidiger der Gewaltlosigkeit, hat einmal gesagt: »Mit Christus ist das Licht Gottes in die Welt gekommen; durch ihn sind wir aufgerufen, in diesem Licht zu leben.« Und der Liederdichter Paul Gerhardt hat als sein Weihnachtsgebet gedichtet: »So lass mich doch dein Kripplein sein; komm, komm, und lege bei mir ein dich und all deine Freuden.«[4]

Dann ist wirklich Weihnachten geworden.

---

[4] Paul Gerhardt, Evangelisches Gesangbuch, Ausgabe für die Evangelische Landeskirche in Württemberg, Gesangbuchverlag Stuttgart GmbH, 1996 (in den folgenden Anmerkungen mit EG abgekürzt) Nr. 37, 9

Die Windeln

Bekommen Sie an Weihnachten Geschenke? Klar, ich auch. Geschenke gehören zum Fest neben Baum, Kerzen und Festmenü einfach dazu. Und sie werden meistens nicht einfach so offen hingelegt, sondern schön verpackt, oft liebevoll verhüllt in festliches Papier, goldene Bänder dazu, gefaltete Sterne oder Marzipan-Engel als Schmuck obendrauf. Das Geschenk soll gefallen. Es soll Freude machen. Es soll zeigen: Du bist mir wertvoll. Wer schenkt, gibt sich Mühe.

Doch beim Kern des Festes – wie sieht es da aus? Beim Kind in der Krippe? In der Erzählung aus dem Lukasevangelium erfahren wir auch etwas über die Verpackung. Die ist da ausdrücklich genannt. Das Jesus-Kind wird geboren, und dann berichtet die Bibel: *Maria wickelte es in Windeln und legte es in eine Futterkrippe.*[5] Sonst nichts. Seltsam.

Natürlich haben sich Maria und Josef wohl über das Kind gefreut. Ein neugeborenes Kind zaubert ein Strahlen auf das Gesicht der Eltern. Ein neues junges

---
[5] vgl. Lukas 2,7

Leben! Jetzt liegt es nach den Mühen der Geburt im Arm der Mutter. Jedes Kind ist ein Geschenk. Hoffentlich! Klar, dass man es pflegt. Ob Josef schon ein moderner Vater war und selbst den kleinen Jesus gewickelt hat, wissen wir nicht. Aber dass er sich mit Maria freute, können wir annehmen. *Sie wickelte es in Windeln* – das heißt: Du kleines Kind, wir freuen uns über dich. Wir pflegen dich, nehmen dich an.

Aber die Frage bleibt: Warum betont die Weihnachtsgeschichte gerade die Windeln so stark? In Geburtsanzeigen lesen wir normalerweise: »Unser Kind ist da. Wir freuen uns, sind glücklich …«. Haben Sie schon einmal eine Geburtsanzeige gesehen, auf der stand: »Wir haben das Kind gewickelt.«?

Warum erzählt die Weihnachtsgeschichte nicht, wie die Geburt verlief, ob Josef dabei helfen konnte und ob Maria gestillt hat? Kein Wort darüber. Aber: sie *wickelte es in Windeln*. Und nachher nennt der Engel die Windeln sogar ein »Zeichen«. Den Hirten sagt er: *Das habt zum Zeichen: Ihr werdet finden das Kind in Windeln gewickelt und in einer Krippe liegen*[6] – und die Windeln sind dabei als Erstes genannt.

Was ist an ihnen das Besondere? An dieser Verpackung des neugeborenen Kindes?

---

[6] Lukas 2,12

Eben das ist das Besondere, dass es auf den ersten Blick gar nichts Besonderes ist. Es ist so wenig besonders, dass man es bei der Geburt eines Königs nicht einmal erwähnen würde. Bei einem Kind aus noblem Haus zeigt man, dass es auf Brokat liegt. Ein Herrscher wird mit Purpur gekleidet. Ein Königssohn ruht auf Samt und Seide.

Aber Jesus wird in Windeln gewickelt. Er landet in der Futterkrippe für Tiere. *Das habt zum Zeichen*, sagt der Engel, und er meint damit: So kommt Gott! So tief wird er geboren. So wird er Mensch – klein und nackt. Man musste ihn einwickeln, reinigen, windeln, und das ein paar Mal am Tag. Darauf lässt sich Gott ein. Das ist das Starke und Tröstliche an Weihnachten: So klein wird der große Gott, so nah. Er lässt sich nicht von Dreck und Kot der Erde fernhalten.

Gott in Windeln – eigentlich grotesk. Aber gerade deshalb ist es ein starkes Bild. Es sagt uns: Jesus kommt in die ganze Hilfsbedürftigkeit unserer Welt. Er wird klein – und so den Kleinen nah. Er wird arm – und so denen nah, die in diesen Tagen arm dran sind und die nicht so feiern können, wie wir das tun. Auch in den Weihnachtstagen kommen sie in unsere Nachrichten: fliehende Menschen, zerbombte Häuser, weinende Kinder, Flüchtlinge, die bei uns ankommen. Menschen, die nicht wissen, wie es weitergeht. Es gibt sie in der Ferne und in unserer

Nähe, auch und gerade in dieser Zeit: solche, die jetzt irgendwo heimlich weinen. Die enttäuscht und verletzt sind und ihre Zukunft nur im Dunkeln sehen. Dass wir an Weihnachten an sie denken, ist nicht eine sentimentale Pflicht der Nächstenliebe, sondern eine praktische Folge der Geburt des Kindes, von dem es heißt: die einfachen Windeln sind sein Zeichen.

Das ist die Botschaft der Weihnacht: In dem Kind, in Jesus, lässt sich Gott auf Windeln ein, auf das, was dreckig ist und stinkt. Es ist wichtig, dies auch in seiner unfeierlich nüchternen Härte zu hören. Denn Weihnachten soll ja nicht nur mal wieder ein bisschen Glanz auf die Oberfläche unseres Lebens aufsprühen und nachher wieder verdunsten. Weihnachten soll keine Fassade sein. Dafür sind die Windeln ein Zeichen: Gott kommt in Jesus tiefer, wurde Mensch. Er wurde einer wie wir. Er kommt dorthin, wo wir uns mühen. Er will bei uns sein, wo wir eingeschnürt sind in Enttäuschungen und Trauer. Er will uns an die Hand nehmen, wo es nach Zweifel riecht und nach Ängsten und wo der Gestank des Hasses das Miteinander vergiftet. Er will sich einlassen auf den Kot alles Unbereinigten und Unversöhnten.

Das ist das Wunder, das unausschöpfliche und darum immer wieder neu zu verkündigende und zu hörende Wunder der Heiligen Nacht: Euch ist der Heiland geboren. Er kann heilen, was zerbrochen ist. Er will eine große Kraft der Versöhnung in unser Leben legen. Er will uns Hoffnung öffnen, trotz allem, was uns deprimieren will. Er gibt Mut, seine Güte aufzunehmen – und sie dann auch weiterzugeben: Barmherzigkeit in unsere oft so unbarmherzige Welt. Nicht »Ausländer raus« oder »Behinderte, Alte, Schwache raus« – sondern: Barmherzigkeit rein! Der Engel nennt das Kind *eine große Freude, die allen Menschen gilt*.[7] Allen. Dafür sind die Windeln ein Zeichen.

Wobei die Windeln uns einladen, nicht an der Krippe stehen zu bleiben. Gehen wir in Gedanken weiter. Das Kind in der Krippe ist am Ende der Mann am Kreuz. Der, der für uns seine Arme ausbreitet und bittet: *Vater, vergib ihnen*.[8] Da erzählt die Bibel: Nach seinem Tod wird er vom Kreuz abgenommen. Und da – da tauchen sie wieder auf: die Binden, mit denen Jesus gewickelt wird.

Die Windeln beim Jesuskind waren ja damals keine modernen Einmal-Wegwerfwindeln mit doppelter Saugkraft und kinderhautfreundlichem Softsaum. Es waren einfache Leinenbänder. Und manche Forscher sagen: Man wickelte damals Säuglinge genauso ein, wie man es auch mit Verstorbenen machte. Weih-

---
[7] vgl. Lukas 2,10
[8] Lukas 23,34

nachtsikonen der orthodoxen Ostkirche wissen das. Sie zeigen das Jesuskind sehr eng und stramm eingewickelt – so, wie man auch Tote ins Grab legt.

Das Evangelium berichtet jedenfalls: Als Jesus gestorben war, wickelte man ihn in Leinenbinden ein. Da spannt sich ein Bogen von Weihnachten zu Karfreitag, von der Krippe zum Grab, von der Geburt in der Nacht zur Nacht des Todes. Und die Windeln zeigen: Jesus kommt ganz da hinein, ins Menschsein, ins Leben, ins Leiden, in den Tod. So haben die Windeln der Weihnacht etwas ganz und gar Tröstliches – auch für die dunklen Stunden unseres Lebens. Das zu hören und zu glauben, gehört zum Heiligen Abend. Es gehört mit zu dem Geschenk, das Gott uns mit dem Kind in der Krippe, mit Jesus Christus macht.

Dieses Geschenk ist nicht übermenschlich schön geschmückt. Seine Zierde sind nur menschliche Windeln. Es ist einfach verpackt, damit wir es einfach für uns aufnehmen, damit wir die Weihnachtsfreude mitnehmen. Diese Mühe macht sich Gott in dieser Nacht.

Die Geschichte der Windeln beziehungsweise Leinenbinden ist übrigens an Karfreitag nicht zu Ende. Sie tauchen in der Bibel noch einmal auf – am Ostermorgen nämlich. Als Frauen zum Grab von Jesus kommen und den Toten suchen, finden sie ihn nicht. Sie finden nur noch die Tücher.[9] Und die sind weggelegt. Jetzt braucht man sie nicht mehr. Jesus ist auferstanden. Die Sonne geht auf. Die Nacht ist vorbei.

Und wie in der Weihnachtsgeschichte sagt der Engel an Ostern noch einmal: *Fürchtet euch nicht!* [10] Jesus lebt.

Da haben die Tücher dann ausgedient.

Auch das haben wir zum Zeichen.

---

[9] Johannes 20,6f
[10] Matthäus 28,5

Maria

Maria, die Mutter! Sie sitzt am nächsten an der Krippe. Sie ist mit dem Kind am engsten verbunden. Sie hat es im Mutterschoß getragen und in der Weihnachtsnacht geboren. Sie hat es in Windeln gewickelt, wer sonst? Sie ist es wert, dass wir sie einmal genauer ansehen.

Ja, ich weiß: Anders als in katholischen Kirchen wird in evangelischen wenig über sie gesprochen. Doch ich denke: Trotz aller Unterschiede in Tradition und Marienverehrung sind wir uns über Konfessionsgrenzen hinweg darin einig: Maria ist zunächst einmal weder katholisch noch evangelisch, sondern sie ist biblisch.

Ohne sie würden wir nicht Weihnachten feiern.

Ohne sie wäre Jesus in jener Heiligen Nacht nicht geboren worden.

Und sie hat seit der frühen Christenheit immerhin die Ehre, im Glaubensbekenntnis vorzukommen, das alle Christen gemeinsam sprechen: »Ich glaube an Jesus Christus ... geboren von der Jungfrau Maria.«

Sehen wir sie also genauer an und fragen, was sie uns an Weihnachten mitgeben kann, die junge Frau aus der kleinen, unbedeutenden Stadt Nazareth im galiläischen Bergland. Auf Aramäisch hieß sie Miriam. Eigentlich war sie noch ein Mädchen, vermutlich um die 15 Jahre alt. Das war damals das Heiratsalter.

Verlobt war Maria bereits mit Josef, dem Baufachmann aus Bethlehem. Ob sie schön war, erfahren wir aus der Bibel nicht, auch nicht, ob sie klug war. Wir erfahren überhaupt wenig von ihr. Nur das eine: dass Gott sie ausgesucht hat, die Mutter des Christus zu werden.

Ein Engel, so lesen wir im Lukasevangelium, kam zu ihr und sagte: *Genau das hat Gott mit dir vor: Du wirst einen Sohn gebären, auch wenn du keinen Verkehr mit einem Mann hattest. Du wirst schwanger werden, und dein Kind sollst du Jesus nennen. Das ist von Gott für dein Leben so bestimmt.*[11]

Maria ist zuerst perplex, absolut verwundert. Sie fragt, wie das gehen soll. Der Engel erklärt es ihr noch einmal: *Das macht Gott, auch wenn du es nicht verstehst. Er sendet seinen Retter in die Welt, und durch dich soll er kommen.*[12]

Und dann geschieht das Überraschende: Maria lehnt sich nicht auf. Sie protestiert nicht nach außen

---
[11] vgl. Lukas 1,30-33
[12] vgl. Lukas 1,35

und sie rebelliert nicht nach innen. Sondern sie sagt: *Ja, mit mir soll geschehen, was Gott mit mir vorhat.*[13]

Welch ein Mut, was für ein Vertrauen, welche Hingabe leuchtet aus diesem einen Satz! Wir hätten vermutlich anders reagiert. Wenn es mal schwierig wird, dann verlieren wir schnell das Vertrauen. Wenn uns etwas in die Quere kommt, klagen wir Gott an. In Krisenzeiten voller Fragen lassen wir eher den Mut sinken und den Glauben auch.

Aber Maria sagt Ja. Trotz allem – Ja! Sie ist ungewollt schwanger. Sie steht in Gefahr, von Josef verlassen und aus der Gemeinschaft ihres Dorfes ausgeschlossen zu werden. Aber trotz allem Ungewissen und Schweren stimmt sie in Gottes Weg mit ihr ein.

Sie vertraut darauf, dass Gott ihr auch durch Belastungen hindurchhilft. Sie weiß ihr Leben in Gottes Hand. In diesem tiefen Glauben ist sie eine starke Frau. Auch später, als die Familie nach Ägypten fliehen muss, bleibt sie stark. Und dann – viel später – steht sie unter dem Kreuz, an dem Jesus hängt. Sie steht dort mit einem Schmerz um den Sohn, den wohl nur eine Mutter spüren kann. Doch auch da gibt sie das Vertrauen nicht auf. Sie hält am Ja zu

---
[13] vgl. Lukas 1,38

Gottes Weg für ihr Leben fest. Sie vertraut, dass Gott recht führt.

Dazu kann uns Maria Mut machen – zu einem solchen Vertrauen, zum inneren Festwerden im Glauben: Ja, führe du mich, Herr, auch wenn ich nicht immer alles verstehe.

Unsere heutige Welt ist voller Möglichkeiten, aber auch voller Herausforderungen und Sorgen. Und oft meinen wir, wir müssten mit allem allein fertigwerden. Wir sind dann bald unsicher. Wer hält uns in unseren Tagen und Jahren? Maria macht uns Mut, Gott neu zu vertrauen: Ja, du führst mich recht.

Doch noch etwas anderes fällt an Maria auf: Sie geht viele Wege.

Das Lukasevangelium erzählt: Kaum ist sie schwanger, wandert sie zu Elisabeth, einer Verwandten; die wohnt in der Nähe Jerusalems im judäischen Bergland. Ein weiter Weg ist das, hin und zurück.

Dann erzählt die Weihnachtsgeschichte, wie Maria von Nazareth nach Bethlehem unterwegs ist. Das sind wieder gut 130 Kilometer zu Fuß, und das hochschwanger! Kein Wunder, dass danach die Wehen einsetzen.

Es ist erstaunlich, wie viele Wege Maria geht. Gerade so macht sie uns Mut, unsere Wege zu gehen. Es gibt auch bei uns manchmal schwere Strecken. »Maria durch ein Dornwald ging«, heißt ein Lied.

Für uns sind 130 Kilometer auf einer schnellen Straße kein Problem. Uns fallen Wege aus anderen Gründen schwer. Manche Wege zueinander, wenn zwei sich zerstritten haben – vielleicht im Kollegenteam; oder wenn Eheleute sich auseinanderlebten und das befreiende Wort der Versöhnung ausbleibt oder nicht gehört wird. Oder wenn die Sehnsucht gerade in den Weihnachtstagen brennt, dass es mit den Kindern oder Eltern wieder gut wird. Es gibt so viel Zertrennungen und Brüche in unserer Welt, in unserer kleinen und in der großen Welt.

Kommunikationsmittel haben wir heute viele – vom E-Mail bis zum iPhone. Aber entscheidend ist, ob wir aufeinander zugehen wollen, auch über Parteigrenzen und Meinungsunterschiede hinweg.

Maria geht viele Wege, gerade als Schwangere. So macht sie uns Mut, immer wieder neu Wege zu gehen, zueinanderzufinden. Weihnachtswege im besten Sinn.

Sie sagt Ja.

Sie geht viele Wege.

Und schließlich: Maria bringt Jesus zur Welt.

Jede Geburt hat etwas von einem Wunder an sich; das empfinden Väter und noch viel mehr die Mütter, wenn ein neues junges Leben geboren wird.

Aber am Heiligen Abend feiern wir nicht nur, dass ein Kind geboren wurde – dort in Bethlehem zwischen Ochs und Esel. Da gebiert Maria ihr Kind, ja, aber da ist noch mehr. Da geschieht, was der Engel ankündigte, das Wunder: In Jesus kommt Gott zur Welt.

Gott will nicht, dass wir ohne ihn leben. Er will nicht, dass wir von unserem Schöpfer nichts mehr wissen und darum am Sinn des Lebens zweifeln. Er will nicht, dass diese Welt ohne Hoffnung ist, ohne Liebe, ohne Gott. Darum hat er es Weihnachten werden lassen. Darum feiern wir. Weil Gott diese Welt liebt.

Es gilt: *Euch ist heute der Heiland geboren.*[14]
    Maria bringt Jesus zur Welt – und auch darin kann sie uns Mut machen. Nicht, dass wir die Mutter von Jesus werden könnten, da ist Maria einzigartig. Aber Jesus zur Welt bringen, das gibt Maria uns an Weihnachten mit.
    Christus will ja nicht in Bethlehem bleiben, sondern er will bei uns sein, wo immer wir zu Hause sind.
    Er will nicht in der Welt der Festtagstöne bleiben, sondern in unserem Alltag den Ton angeben. Er will nicht in der Welt der süßen Kindheitserinnerungen bleiben, sondern in unserer Erwachsenenwelt leiten

---

[14] Lukas 2,11

und versöhnen. Dazu kann uns Maria bewegen: Jesus zu der Welt bringen, in der wir leben: in unsere große und kleine Welt. In unsere Arbeitswelt mit ihren Aufgaben. In unsere politische Welt mit ihren Herausforderungen. Und auch in unsere kleine private Welt mit all dem, was uns gerade bewegt. Wenn Jesus dort zur Welt kommt, dann ist es bei uns richtig Weihnachten geworden.

In einem neuen Weihnachtslied heißt es: Christus – »Komm in unsre Herzen, unsre Hände; komm in uns und komm durch uns zur Welt.«[15]

Das können wir von Maria, der so jungen und so starken Frau, lernen. So sind wir der Mutter an der Krippe ganz nah. So werden wir mit ihr froh.

---

[15] Manfred Siebald: Ohne Anfang, ohne Ende, in: Das Advents- und Weihnachtsliederbuch. Freut euch, der Retter ist da, Holzgerlingen: SCM Hänssler, 2000, Nr. 32.

Josef

Bald feiern wir Heiligabend. Sind wir innerlich schon auf dem Weg zum Fest? Äußerlich sind wir fast so weit, oder? Geschenke sind besorgt, der Baum ausgesucht, das Menü geplant. Und das Wohnzimmer wird geschmückt. In den meisten Wohnungen wird irgendwann vor dem Heiligen Abend auch die Krippe aufgestellt. Ja, die Krippe und ihre Figuren: Maria, Hirten, Könige, Engel, Esel. Und natürlich – fast hätte ich ihn vergessen – auch der Josef. Er gehört auch dazu. Wobei er oft nur irgendwie am Rand steht. Oft bleibt er im Schatten. Oft wird er weniger beachtet als Maria, weniger besungen als die Weisen, weniger geliebt als der Ochs.

In den meisten Weihnachtsliedern kommt Josef gar nicht vor, und viele Weihnachtsbilder zeigen ihn als alten Mann, manchmal leicht vertrottelt. Maler und Liederdichter tun sich irgendwie schwer mit ihm. Das ist verständlich. Josef tut sich schließlich selbst schwer mit dem, was da passiert. Er sagt in der ganzen Weihnachtsgeschichte kein Wort. Er ist stumm.

Die anderen Figuren sind laut:

Die Engel verkünden, die Hirten erzählen, die Weisen huldigen, Maria singt.

Nur Josef ist stumm. Was soll er auch sagen?

Unerwartet wird er Vater. Ja, heikler noch: Unerwartet wird er Pflegevater. Man muss sich das vorstellen: Maria, seine Verlobte, ist schwanger. Sie bekommt ein Kind – aber nicht von ihm. Und sie jubelt auch noch darüber!

Ich verstehe, dass es dem Josef die Sprache verschlägt. Er ist ein klar denkender Mensch, steht beruflich als Architekt und Bauhandwerker mit beiden Beinen auf dem Boden. Klar, dass er jetzt erst einmal den Kopf schütteln muss. Noch mehr: das Matthäusevangelium berichtet ausdrücklich, dass er davonlaufen will. *Er wollte Maria verlassen*, steht da.[16] Er wollte die Beziehung zu ihr auflösen. Denn er konnte nicht begreifen, was da geschah – geschweige denn sich darüber freuen.

Damit ist Josef ein Prototyp der stummen Stauner am Weihnachtsfest. Er steht ganz nah bei denen, die am Heiligen Abend vielleicht alles mitmachen, aber die doch mit diesem Fest auch ihre Probleme haben. Die skeptisch feststellen: eigentlich fange ich mit Weihnachten nichts an. Warum feiern wir eine Kindsgeburt von vor 2 000 Jahren? Warum soll die

---

[16] vgl. Matthäus 1,19

kleine Szene damals in Bethlehem mit mir zu tun haben, mit den kleinen Szenen meiner Tage und mit den großen Szenen dieser Welt – vom Syrienkonflikt bis zu Klimaschutz und Arbeitsmarkt? Warum gerade an einem Abend im Jahr »Stille Nacht« und »O du fröhliche«?

Josef, der stumme Stauner, kann uns zu denken geben. Bei ihm ist ja interessant: Er läuft trotz allem nicht weg. Er ist stumm, aber er bleibt da. Er gehört dazu. Warum?

Das hat seinen Grund. Die Bibel schildert nämlich auch eine andere Seite von ihm, eine andere wichtige und bemerkenswerte Seite: Sie zeigt ihn bei aller Skepsis auch als einen sehr aufmerksamen, wachen Mann. Josef überlegt, organisiert, handelt. Er geht seinen Weg. Aber er ist nicht nur äußerlich aktiv, sondern er ist innerlich wach. Vier Mal, so erzählt das Matthäusevangelium, bekommt Josef einen Traum: zum ersten Mal, als Maria schwanger wird, und dann noch drei Mal, als die junge Familie vor König Herodes fliehen muss.[17] Vier Mal hört Josef Gottes Weisung im Traum. Und Josef wischt das nicht weg. Im Gegenteil – er ist offen dafür.

---

[17] Matthäus 1,20-23; 2,13; 2,19; 2,22

Er sagt nicht: »Was soll der transzendente Spuk? Ich als Mann hab da keine Antenne dafür.« Er sagt auch nicht: »War doch alles nur Einbildung.«

Sondern er hört.

Er, der Zimmermann und Baumeister, hat gern klare Fakten und Ziele. Aber er hört dabei auch auf Gott.

Er ist nicht nur an Bauplänen interessiert, sondern er ist offen für die Pläne, die Gott mit seinem Leben hat.

Er kann nicht nur mit Zahlen umgehen, sondern er ist aufmerksam für das, was wirklich zählt.

Er ist ein Fachmann für stabile Statik, und er fragt genauso sensibel danach, was dem Leben seelische Stabilität gibt und letzten Halt.

So ist er auf eine tiefe Art offen für Gott. Er nimmt sensibel wahr, welchen Weg Gott mit ihm gehen will.

Dazu kann uns Josef heute Mut machen: Wach sein für Gott.

Wir sind oft so zugeschüttet mit Alltagspflichten und Events, mit Aufgaben und Plänen und mit der Sorge, wie es gesundheitlich weitergeht. Auch mit der Frage, was aus der Familie wird und ob es an den Festtagen friedlich bleibt oder nicht.

All das bewegt. Wir wären armselig dran, wenn Weihnachten nur wie ein religiöser Zuckerguss über dem allen wäre: eine Fassade, die wir als »Fest der

Liebe« oder »Fest der Werte« deklarieren und am 6. Januar wieder einpacken.

Doch der Kern von all unserem Feiern ist viel tiefer und viel kostbarer. Er heißt: Gott kommt zu uns. Er kommt in diesem Kind. Er kommt in Stall und Stroh. Er kommt in die Nacht. Er kommt in die Tiefen von Futterkrippe und Windeln. Und das deshalb, weil Gott sich mit unserem Leben verbinden will. Weil er auch in unseren Nächten bei uns sein kann. Deshalb ist Jesus gekommen, weil er uns auch in den Tiefen unserer Tage leiten und tragen will. Wo Menschen keine Hoffnung mehr haben, will er neu Hoffnung schenken. Wo Menschen aneinander schuldig wurden, will er einen Neuanfang öffnen. Vergebende Liebe ist sein Weihnachtsgeschenk. Das gibt er in unsere Seele und in unsere Beziehungen hinein. Wo seelische Wunden sind, will er heilen. Und manchmal schmerzen solche Wunden, die uns jemand geschlagen hat, an Weihnachtsabenden mehr als sonst.

Josef hat miterlebt, wie die Hirten zur Krippe kamen und wie sie berichteten, was der Engel ihnen sagte: *Euch ist heute der Heiland geboren.*[18] Der, der wieder zurechtbringen kann und heilen.

Lassen wir uns in Gedanken von Josef mitnehmen hin zu der verändernden Kraft, die da zur Welt

---
[18] vgl. Lukas 2,11

kommt. Gott kam, damit wir in dieser Kraft leben. Er wurde Mensch, damit wir menschlicher werden.

Er lädt uns ein, dass wir die Freude, von der die Engel gesagt haben, empfangen. Und dass wir den Frieden, von dem sie gesungen haben, aufnehmen und in unseren Alltag umsetzen.

Wo immer wir das versuchen, hat das Folgen: Wenn ich jemandem vielleicht heute oder morgen die Hand gebe und sage: »Gottes Friede sei mit dir«, dann kommt Weihnachten in unsere Beziehung. Was belastend war, kann weichen. Wir können alles Leidvolle beim Kind in der Krippe abgeben und dort Liebe für uns abholen.

Von *Menschen seines Wohlgefallens*[19] haben die Engel gesungen. Gemeint ist: Menschen, die Gott lieb hat. Die das glaubend aufnehmen und die darum mit sich selbst barmherziger umgehen können – und mit anderen Menschen auch.

Wo uns die Not eines Mitmenschen vor Augen kommt, will Gott unsere Herzen öffnen und unsere Hände. Er will, dass unser Leben mit Alten, Kranken, Flüchtenden und Suchenden barmherziger wird. Die verändernde Kraft, die im Kind in der Krippe, die mit Christus zu uns kommt, die kann und soll uns prägen.

---

[19] Lukas 2,14

Die Hirten, die von ihrem Feld zur Krippe kamen, haben etwas von dieser Kraft der Freude und der Liebe schon gespürt. Und sie haben dann davon erzählt. Josef hat das mitbekommen. Beinahe wäre er davongelaufen, als Maria schwanger war. Beinahe hätte er das Schönste in seinem Leben versäumt. Aber er war innerlich offen und hörte auf Gottes Weisung. Das bewundere ich an ihm.

Und darum sehe ich zu meiner Krippe: Wo habe ich den Josef hingestellt? Nur an die Seite? Ist er nur eine altersschwache Randfigur, mit der man nichts anfängt? Ich will ihn immer wieder ansehen und denken: Josef, du stehst zwar irgendwie stumm da, aber von dir will ich lernen, aufmerksam zu werden für das, was Gott zu sagen hat. Und dann so wie du Vertrauen wagen, auch trotz aller Skepsis.

Wenn ich so über Josef nachdenke, dann ist sein Platz nicht am Rand, sondern ganz nah bei dem Kind in der Krippe. Und dorthin, zum Kind, zur Mitte des Heiligen Abends – dorthin nimmt er uns mit.

Die Engel

Der Engel des Herrn trat zu ihnen[20] – so erzählt die Weihnachtsgeschichte. Das haben wir schon oft gehört. Und genauso den Satz: ... *und alsbald war da bei dem Engel die Menge der himmlischen Heerscharen ...*[21]

Ganz selbstverständlich gehören sie dazu, die Engel. Sie sind dabei – auf Weihnachtsbildern mit und ohne Flügel, auf dem Weihnachtsmarkt im Plastik-Plüschkleid mit LED-Blinklicht, als kitschige Zierde der Supermarkt-Reklame. Und natürlich sind sie auch bei Krippenspielen zu finden. Ich vermute, dass viele von uns schon mal einen Engel gespielt haben, vor allem die Frauen; die Männer wurden mehr als Hirten gebraucht.

Kein Krippenspiel ohne Engel, kein Weihnachten ohne Engelbilder in tausend Variationen.

---

[20] Lukas 2,9
[21] Lukas 2,13

Aber – Engel: Gibt's die wirklich?

Noch vor gar nicht so langer Zeit hätte ein Mensch, der sich für modern hält, über diese Frage gelächelt. Ins naturwissenschaftliche Weltbild, so sagte man, passen Engel nicht hinein. Da zählt nur noch als Wirklichkeit, was sichtbar und messbar ist. Da haben Engel keinen Platz. Man verwies sie ins Land der Märchen, Fabeln und Mythen. Darum wurden Engel allenfalls noch schmückendes Beiwerk für die Weihnachtszeit. Und selbst als solches wollte man sie abschaffen, zum Beispiel in der DDR: Dort nannte man Engel offiziell *Jahresend-Flügelfiguren* oder *-puppen*. Stellen Sie sich das bei Weihnachtsliedern vor: »Vom Himmel kam die Jahresend-Flügelpuppen-Schar.«

Aber in den letzten Jahren hat sich das Denken wieder gewandelt. Engel sind gefragt. Selbst viele, die sich für modern und aufgeklärt halten, reden von ihnen, zum Beispiel vom »Schutzengel«. Damit drücken sie eine Ahnung aus, es müsse doch mehr geben als unsere sichtbare und begreifbare Welt. Ein Plakat an der Autobahn zeigt einen Motorradfahrer – und daneben den Rat: »Gib deinem Schutzengel eine Chance.« Auch Engel, so suggeriert das Plakat, kommen wohl an ihre Grenzen.

Jedenfalls sehen wir: Engel tauchen immer wieder auf, nicht nur an der Autobahn, sondern auch in Medien und Kinofilmen. Dahinter steckt ein ahnendes Suchen nach Mächten, die wir nicht sehen und verstehen, die aber trotzdem da sind. Engel sind wieder »in«. Es gab schon die Vermutung, dass heutzutage mehr Menschen an Engel glauben als an Gott.

Grund genug, in die Bibel zu sehen. Die erzählt immer wieder von Engeln: Jakob an der Himmelsleiter, Hagar und Elia in der Wüste, Mose am Dornbusch, Bileam, Gideon, Jesaja – viele haben ihre Engelgeschichte.

Auch Jesus redet ganz selbstverständlich von Engeln. Im Garten Gethsemane, als einer seiner Freunde sein Schwert zieht und einem Kriegsknecht das Ohr abschlägt, sagt Jesus: *Jetzt ist nicht der Augenblick, um zu kämpfen. Ich könnte 12 Legionen Engel herbeirufen*[22] (das wären 60 000 Engel!).

Wobei nun interessant ist: Die Bibel schmückt Engelfiguren nicht aus. Sie beschreibt auch keine ausführliche Engellehre. Sie sagt nirgends, was wir da glauben müssten oder was nicht. Aber sie schildert Engel in Aktion. Engel, die etwas tun. Und was sie tun, das kann für uns und unseren Glauben wichtig sein.

---

[22] vgl. Matthäus 26,53

Was tun Engel?

Sehen wir wieder in die Weihnachtsgeschichte. Was tun die *himmlischen Heerscharen*, wie Luther übersetzt, also das himmlische Heer, die göttliche Streitmacht? Im griechischen Urtext heißt sie »*stratia*«. Was ist Gottes Strategie? Was machen die Engel im himmlischen Heer?

Erste Antwort:

Sie loben Gott!

Das wird von der Menge der Engel als Erstes gesagt: *Sie lobten Gott und sprachen: Ehre sei Gott in der Höhe!*[23]

Sie preisen ihn. Sie geben Gott die Ehre. Sie bejubeln nicht die Hirten, besingen nicht die Stimmung, preisen weder Maria noch Josef. Sie loben Gott. Sie singen ihm das Gloria – mitten in der Nacht.

Da spannt sich von den Hirtenfeldern dann ein weiter Bogen in das letzte Buch der Bibel, in die Offenbarung. Da blickt Johannes in den Himmel, und was sieht er? Engel um Gottes Thron![24] Vieltausend mal tausend sind es, ungezählt viele. Sie loben Gott. Sie sind zu

---

[23] Lukas 2,13f
[24] Offenbarung 5,11f

seiner Ehre da. Sie besingen ihn und mit ihm Christus, hier in der Offenbarung als *Lamm* bezeichnet.

Können Sie sich das vorstellen? Bei allem Schweren, das die Offenbarung schildert, bei allem Leid, das auf der Erde passiert, bei allen Problemen, die Johannes sieht, auch bei aller Verfolgung um des Glaubens willen – bei all dem geht der Blick zu den lobenden Engeln vor Gottes Thron. Und das in der Offenbarung nicht nur ein Mal, sondern immer wieder. In diesem Blick zu den Engeln, in diesem Loben steckt ein kräftiges »Trotzdem«.

Die himmlischen Heerscharen in Bethlehem kamen mitten in der Nacht. Und in unseren Nächten können wir an sie denken: an die Engel, die trotz allem Gott loben. Auch in unsere dunklen Stunden hinein kann ihr Gloria nachhallen. *Gloria* heißt *Ehre*. *Ehre sei Gott* haben die Weihnachtsengel gesungen. In unseren Gottesdiensten nehmen wir ihr Lob auf: nämlich im gesungenen *Gloria*: *Ehre sei dem Vater und dem Sohn und dem Heiligen Geist.* Da stimmen wir in das Engellob mit ein. Da klingt Bethlehems nächtliches Weihnachtslied durch die Zeiten. Und das hat verändernde Kraft. Ob jemand traurig ist oder froh, mutig oder resigniert, stark oder schwach – das *Ehre sei Gott* hebt den Blick nach oben. Es verbindet uns mit denen, die Gott loben. Das *Ehre sei Gott in der Höhe* öffnet einen freien Horizont, weit über das hinaus, was uns gerade bewegt.

Darum ist es eine gute Übung, das Lob im Gottesdienst bewusst mitzusingen – und es dann im Alltag zu beten, vielleicht ganz in der Stille in besonderen Momenten: *Ehre sei dem Vater und dem Sohn und dem Heiligen Geist.* So verbinden wir uns mit dem Engellob in der Heiligen Nacht und vor Gottes Thron.

Ein Lied, das wir selten singen, beschreibt dieses Loben der Engel:

> *Gott, aller Schöpfung heilger Herr,*
> *zu deines Reiches Glanz und Ehr*
> *hast du der Engel Schar bestellt,*
> *für hohe Dienste sie erwählt.*
>
> *Sie stehen weit um deinen Thron;*
> *du bist ihr Leben, ihre Kron.*
> *Gewaltig ruft ihr strahlend Heer:*
> *Wer ist wie Gott – wer ist wie er?*
> *Stets schauen sie dein Angesicht*
> *und freuen sich in deinem Licht.*
> *Dein Anblick macht sie stark und rein;*
> *dein heilger Odem hüllt sie ein.*
>
> *Mit Weisheit sind sie angetan;*
> *sie brennen, leuchten, beten an.*

Ein großes Lob ertönt im Chor:
ihr »Heilig, Heilig« steigt empor.[25]

Die erste Antwort auf die Frage: *Was machen Engel?*, lautet: *Sie loben Gott.*

Die zweite Antwort heißt:

Sie bringen Botschaften von Gott
zu den Menschen.

Zu Maria kommt der Engel und kündigt Jesu Geburt an.[26] Dem Josef sagt ein Engel im Traum, was er tun soll.[27] Zu Paulus kommt ein Engel mitten im Sturm auf das Schiff und erklärt ihm, was jetzt dran ist.[28]

Engel bringen Nachrichten. Sie sind Boten Gottes. Schon das Wort *Engel* drückt das aus. Es kommt vom griechischen *angelos,* und das bedeutet *Bote, Gesandter, Nachrichtenüberbringer.*

Besonders in wichtigen Momenten treten Engel auf, dann, wenn sie bahnbrechende Veränderungen ankündigen. So zum Beispiel bei Abraham[29], bei Mose[30] und eben in der Weihnachtsgeschichte. Dass

---
[25] Ernst Hofmann, EG, Nr. 142,1-4 (vgl. Anm. 4)
[26] Lukas 1,26
[27] Matthäus 1,20-23; 2,13; 2,19; 2,22
[28] Apostelgeschichte 27,23
[29] 1. Mose 18
[30] 2. Mose 3,2

Engel hier geballt auftauchen, zeigt die Bedeutung der Nachricht: Hier wird nicht nur irgendein Kind geboren. Hier kommt Gott zur Welt. Mit Christus fängt Gott etwas Neues an. Eine lebensverändernde und welterneuernde Kraft wird da in die Krippe gelegt und in den Lauf der Weltgeschichte gebracht.

Kein Wunder, dass Engel das kräftig ankündigen: Es fängt bereits bei Zacharias an: ihm sagt der Engel, dass seine Frau Elisabeth einen Sohn bekommt: Johannes den Täufer.[31] Kaum möglich, weil Elisabeth schon alt ist – aber doch wird es wahr.

Ein Engel kommt dann zu Maria. Auch sie wird ein Kind bekommen, obwohl sie noch nicht mit einem Mann Verkehr hatte. Nicht nur kaum möglich, sondern menschlich unmöglich – aber doch wird es wahr.

Und dann die Engel bei den Hirten: *Euch ist der Heiland geboren* – es ist wirklich wahr.

Der kräftige Informationsschub durch die Engel zeigt: Gott will, dass wir Weihnachten richtig verstehen. Genauso geschieht es dann auch am Ostermorgen: Da kommen Frauen und dann die Jünger zum leeren Grab. Dort finden sie Engel, die ihnen erklären, was geschehen ist: Jesus ist auferstanden![32]

Engel helfen uns, dass wir Gottes Wirken recht verstehen. Deshalb sendet Gott seine Boten.

---
[31] Lukas 1,11
[32] Lukas 24,4

So besingt es auch die Strophe:

> *Du sendest sie als Boten aus:*
> *dein Wort geht in die Welt hinaus.*
> *Groß ist in ihnen deine Kraft;*
> *dein Arm sind sie, der Wunder schafft.*[33]

Wie sehen diese Boten aus?

In der Bibel erfahren wir nur wenig darüber. Darum haben sich Maler aller Jahrhunderte Gedanken gemacht, von frühen Fresken bis zu Marc Chagall.

Dabei fällt etwas auf: Heute zeigen viele Engelbilder kleine Engelein in weißem Gewand und mit vogelartigen Flügeln. Meistens sind sie weiblich und jung, eigentlich noch Kinder.

Vielleicht kennen Sie die beiden kleinen als Putten gemalten Engel am unteren Rand der Sixtinischen Madonna von Raffael, die sich dort am Rand des Geschehens köstlich langweilen. Solche putzigen netten Engelchen hat vor allem die Barockzeit hervorgebracht.

---
[33] Ernst Hofmann, EG, Nr. 142,5

In früheren Zeiten, in der Gotik und Romanik, sehen wir aber Engel ganz anderer Art: groß, erwachsen, meist männlich, oft auch mit ernsten und strengen Zügen. Diese Gestalten kommen dem biblischen Bild der Engel näher als die Barockengel. Denn Engel in der Bibel sind viel mehr als weihnachtlicher Schmuck. Ihre Botschaft ist gewaltig. Schon im Alten Testament und dann auch bei Jesus und in der Offenbarung sind es Engel, die das Gericht Gottes ankündigen, die zur Umkehr rufen und dazu Posaune blasen. Auch zum Beispiel der Engel in der Stuttgarter Stiftskirche an der Kanzelsäule aus dem Jahr 1957 hat schon die Posaune in der Hand. Von den Posaunenengeln lesen wir in der Offenbarung, dann auch vom Kampf des Erzengels Michael gegen das Böse, gegen den Drachen.[34]

In der Bibel haben die Engel meistens keine Flügel. Auch von weißen Gewändern ist eher selten die Rede. Aber immer sind Engel etwas Besonderes. Denn sie bringen immer etwas von der Herrlichkeit Gottes mit. Darum lösen sie auch oft ein Erschrecken aus – und deshalb beginnt in der Weihnachtsgeschichte ihre Botschaft drei Mal mit: *Fürchte dich nicht/Fürchtet euch nicht!*[35]

---
[34] Offenbarung 12
[35] Lukas 1,13; 1,30; 2,10

Die Bibel beschreibt auch nicht, woher die Engel gerade kommen. Sie sind einfach da. Ihre Botschaft ist wichtig, nicht ihr Woher und auch nicht ihr Aussehen. Darum hält sich die Bibel mit Ausschmückungen zurück. Sie erzählt nicht sensationsheischend von Engeln. Sie zeigt ja auch: Gott kann auf vielerlei Weise seine Boten senden. Das müssen nicht immer Engel sein. Wir haben schließlich die Bibel, die wir betend verstehen können. Und man muss heute nicht Engel erleben, um Christ zu sein. Aber es gibt Menschen, die erzählen davon, dass Engel bei ihnen waren. Das sind oft sehr persönliche Erfahrungen, die man kaum in Worte fassen kann und darum auch nicht an die große Glocke hängt.

Machen wir Gott nicht klein. Er kann auf vielerlei Weise seine Boten senden. Eben auch Engel, die schützen und helfen – oft ohne dass wir es bewusst wahrnehmen.

Wichtig ist, was die Engel den Hirten auf den Feldern gesungen haben: *Ehre sei Gott!* Gloria ihm, dem dreieinigen Herrn der Welt. Das zuerst!

Engel stehen in der Bibel niemals für sich.

Es geht deshalb für uns an Weihnachten nicht darum, Engel zu verehren, sondern Gott und mit ihm das Kind in der Krippe.

Der Engel bei Bethlehems Hirten weist ja ausdrücklich von sich weg und auf Christus hin: *Euch ist der Heiland geboren.*

Darum jauchzen die Engel – und wir hoffentlich mit ihnen.

Die Hirten

Ausgerechnet Hirten – wie finden wir denn das? Dass die Engel in dieser Nacht gerade zu den Hirten auf den Feldern bei Bethlehem kommen?

Ausgerechnet zu den Nachtarbeitern! Nicht einmal ihre Namen kennen wir. Harte Burschen sind sie, Tierhüter. Einen rauen Job haben sie, manchmal im Kampf gegen wilde Tiere.

Ausgerechnet zu ihnen, die draußen sind im Dunkeln – zu ihnen kommen die Engel. Zu ihnen kommen die Worte: *Fürchtet euch nicht.* Zu ihnen kommt die Botschaft: *Euch ist heute der Retter geboren.*[36]

So ist Weihnachten.

So zeigt sich Gott. Er hat schon immer einen Blick für die, die draußen sind, auch und gerade am Heiligen Abend. Gott kennt die, die in ihrem Leben zu kämpfen haben. Er hat ein Herz für die, die sich gerade im Dunkeln befinden: in der Nacht einer Trauer, im Schatten von Enttäuschungen, im Dunkel schwe-

---
[36] Lukas 2,10f

rer Erfahrungen und Sorgen, die wir auch an Weihnachten nicht einfach ausklammern können und dürfen, gerade in diesen Nächten nicht.

Ausgerechnet zu den Hirten kommt das Weihnachtsevangelium. Zu Menschen also, die wach waren. Die haben nicht geschlafen und nicht geträumt. Sondern sie waren aufmerksam, wach auch in der Nacht. Sie empfangen als Erste die Botschaft der Engel: *Fürchtet euch nicht!*

Hören wir es für uns. Hören wir es mit offenen Ohren und mit innerer Wachheit und seelischer Aufmerksamkeit: Habt keine Angst! Gott sieht auch in das Dunkel. Er ist nicht fern, sondern da. Deshalb: Fürchtet euch nicht, sondern – wie sagt der Engel? – *Ihr werdet finden!*[37]

Was gibt es an Weihnachten zu finden? Was finden die Hirten?

Sehen wir zuerst:

Sie finden den Weg.

Obwohl sie zuerst einmal gar nichts mehr finden. Stellen wir uns das vor: Sie haben die singenden Engel gesehen. Sie haben den Jubel gehört. Sie haben die

---

[37] Lukas 2,12

Nachricht vernommen. Aber jetzt sind sie noch ganz benommen. Die Engel sind wieder verschwunden. Gott hat die Weihnachtsbeleuchtung über dem Feld wieder abgeschaltet. Es ist wieder finster. Keine Show mehr von gleißenden Lichtgestalten. Nur noch dunkle Nacht um sie herum, dunkler als zuvor.

Aber die Hirten machen sich auf. Sie gehen los. Sie finden den Weg. Obwohl manches dagegenspricht. In der Nacht sind die Wege dunkel. In der Nacht geht man nicht einfach weg. In der Nacht besucht man normalerweise auch keine Mutter mit ihrem Säugling. Vieles spricht dagegen.

Aber die Hirten machen sich auf den Weg.

Kann so Weihnachten für uns werden?

Wege in der Nacht sind für uns heute kein Problem. Wir haben Straßenbeleuchtung und Autoscheinwerfer. Uns fallen Wege aus anderen Gründen schwer. Manche Wege zueinander, wenn es zwischen Menschen dunkel geworden ist, wenn zwei sich zerstritten haben, Kollegen etwa. Oder wenn Eheleute sich auseinanderlebten und das befreiende Wort der Versöhnung ausbleibt oder nicht gehört wird.

Es gibt viel Zertrennungen und schmerzliche Brüche in unserer Welt, in der großen und in unserer kleinen. Das wird uns an Weihnachten mehr bewusst als sonst. Lassen wir uns von den Hirten ermutigen, innerlich wach zu sein. Auch wenn vieles dagegenspricht, enttäuschende Erfahrungen oder der eigene Stolz. Lassen wir uns ermutigen, neu aufmerksam zu werden für das Wesentliche im Leben. Lassen wir uns von den Hirten von Bethlehem prägen: Sie gehen los, tun den ersten Schritt, auch wenn es noch dunkel ist. Sie finden den Weg.

Der erste Schritt ist dabei wichtig, auch für uns – ob in Beziehungen, in Familien, unter Kollegen oder in und zwischen politischen Gruppen. Der erste Schritt ist wichtig, der Schritt der Versöhnung zueinander, zum neuen Hören aufeinander, zum Gehen miteinander. Die Hirten machen dazu Mut. *Sie gingen eilend*, sagt die Weihnachtsgeschichte. Sie finden den Weg.

Und dann:

Sie finden das Kind,

nicht frisch gebadet in der Geburtsabteilung eines Krankenhauses, sondern in der Stallabteilung ihres Gasthauses. Nicht sauber gebettet auf Daunen, sondern in Windeln auf Stroh. Nicht im Kinderbett, sondern im Futtertrog. Schafe und Esel müssen auf die Seite. Es riecht trotzdem nach ihnen. So finden die Hirten die Szene.

Vom Lichtglanz der Engel keine Spur.
Vom Zauber der Weihnacht kein Schimmer.
Vom Prunk eines Festes kein Schein.

Trotzdem begreifen die Hirten: Da ist nicht einfach ein Kind geboren. Da ist mehr passiert. Was Gottes Engel sagten, ist geschehen.

Und die Hirten sind auch jetzt wieder erstaunlich wach und innerlich aufmerksam. Sie spüren: Da ist Gott am Werk. Da ist der Retter von Gott her geboren.

Ich kann mir vorstellen, dass manche dieser nüchternen Hirten erst einmal skeptisch waren. Diese rauen Gesellen waren ja nicht übermäßig religiös veranlagt. Vielleicht gab es da auch Zweifler, die dachten: Wie bitte, erst der Riesenaufwand mit dem Engelchor – und jetzt nur ein Kind? Erst die umwerfende Nachricht vom Retter der Welt – und hier nur ein Säugling im Futtertrog?

Ich könnte es jedenfalls verstehen, wenn da kritische Fragen laut geworden wären: Stimmt das mit Weihnachten überhaupt? Oder ist alles nur Einbildung und ein fataler Irrtum?

Aber die nüchternen Viehhüter von Bethlehems Acker finden das Kind und sehen, dass die Botschaft der Engel stimmt. So kommen sie, so knien sie nieder, so verändert sich ihr Leben. Und so können sie uns auf eine Spur des Glaubens führen. Sie können uns an die Hand nehmen, hin zu dem Kind: Da, sieh, da kommt Gott zu dir und zu mir! Nicht in einem fernen

Mirakel, sondern so arm und niedrig, dass er ganz nah bei uns sein kann. Nicht abgeschirmt in einem Palast, sondern so, dass die Tür für jeden Menschen offen steht.

In manchen Weihnachtsbildern des Mittelalters fällt auf, dass der Maler sich selbst am Rand mit aufs Bild gemalt hat, irgendwo zwischen Hirten und Königen, zwischen Ochs und Esel, so als wolle er zeigen: Ich will auch den Weg gehen, will auch das Kind finden, will auch zur Anbetung kommen.

In diesem Kind Gottes Gegenwart erkennen, das ist Glauben. Das Kind ist der Christus, der dann gekreuzigt wurde und auferstanden ist. In ihm Gottes Nähe zum eigenen Leben wissen, in ihm Freude und Halt finden – das ist befreiendes Vertrauen. Das ist der Weg, den die Hirten beginnen und auf den sie uns führen können. Und wenn es nur das eine kurze Gebet ist: Du Kind in der Krippe, du Herr der Welt, dich bete ich an. Dir gebe ich mein Leben mit allem, was es ausmacht, mit Sorgen und Freuden, mit Zweifeln und *Trotzdem*-Vertrauen.

Das ist die Spur der Hirten. Sie finden den Weg. Sie finden das Kind

– und so

finden sie zur Freude.

Als sie das Kind gesehen hatten, sagt das Evangelium,[38] *da kehrten die Hirten wieder um, priesen und lobten Gott.* Dann erzählten sie anderen Leuten von dem, was sie gehört und gesehen haben, von der Botschaft der Engel und von dem Kind.

Da merken wir: Das Kind in der Krippe hat die Kraft, Menschen zu verändern. Bei ihm kann das Leben neu werden. Aus den einfachen Viehhirten wird ein Gospelchor. Aus den rauen Arbeitern in der Nacht werden begeisterte Verkündiger am Morgen. Sie finden zur Freude.

Wohin finden wir in diesen Tagen?

Finden wir nur zur Sorge um die Wirtschaft in unserem Land und in Europa?

Bleiben wir in der Skepsis hängen, wie es mit uns beruflich weitergeht oder gesundheitlich? Oder wie mit Angehörigen? Landen wir beim Frust über andere oder über uns selbst? Oder haben uns solche Sorgen längst abgestumpft und oberflächlich werden lassen?

Wohin finden wir? Diese Frage wird uns immer wieder bewegen – an Weihnachten und auch, wenn das Fest wieder vorbei ist. Aber auch dann, wenn das Fest vorüber ist, bleibt trotzdem das Kind in der Krippe. Es bleibt jeden Tag.

---

[38] vgl. Lukas 2,20

Darum lädt uns das Weihnachtsevangelium ein, mit den Hirten innerlich wach zu sein und zur Freude zu finden: zur Freude darüber, dass wir auch in den Nächten nicht allein sind. Zur Freude über den Jesus Christus, der gesagt hat: *Ich bin bei euch alle Tage.*[39]

Ausgerechnet zu den Hirten bei Bethlehem kamen die Engel zuerst. So finden sie den Weg. So finden sie das Kind. So finden sie die Freude. Wie finden wir denn das?

---

[39] Matthäus 28,20

Die Geschenke der Weisen

Wir feiern Weihnachten mit Liedern und Musik, mit Festessen und Kerzen, mit Baum – und natürlich auch mit Geschenken. Sie gehören zu diesem Fest einfach dazu. Ist Ihnen aufgefallen: In der Weihnachtsgeschichte kommen auch Geschenke vor. In der Erzählung der Weisen werden sie genannt. Die Weisen werden auch als die »drei Könige« bezeichnet. Es waren wohl Sternkundige aus babylonischen Landen. Was sie am Sternenhimmel beobachten, führt sie zu dem Schluss, dass im jüdischen Land ein neuer König geboren sein musste. Zuerst treffen sie am Königshof in Jerusalem ein; dort werden sie durch Bibelgelehrte darüber informiert, dass aufgrund alter Verheißungen ein neuer, von Gott gesandter König wohl in Bethlehem geboren werde. Darum machen sie sich auf den Weg und finden in Bethlehem Maria und Josef, dazu das Kind in der Krippe. Und dann steht in der Weihnachtsgeschichte der Satz, der auch mit Geschenken zu tun hat:

Als sie beim Kind in der Krippe ankamen, *öffneten sie ihre Schätze und schenkten dem Kind Gold, Weihrauch und Myrrhe.*[40]

Das sind sie also, die Erstausgaben aller Heiligabend-Geschenke, die Prototypen aller Weihnachtspräsente, die Urbilder aller Christfestgaben: *Gold, Weihrauch, Myrrhe.*

Vermutlich haben es sich die Weisen weise überlegt: Was passt zu diesem neugeborenen König? Was ist ihm angemessen? Was soll ihm gehören?

Vielleicht haben sie sogar sorgfältig das richtige Geschenk gesucht, so wie wir es in diesen Wochen auch überlegen: Was könnte nur die Oma brauchen? Vielleicht einen neuen Topf? Für den Papa eine neue Lok? Und für den Enkel ein neues Smartphone?

Ungezählte Geschenke wechseln an Weihnachten den Besitzer. Wenn es nicht einfach preisgünstiger Plunder ist, dann steckt doch hinter jedem Geschenk das Fragen: Wie mache ich ihr eine Freude? Was ist ihm angemessen?

Nun können wir uns vorstellen, wie die Weisen ihre Geschenke aus dem Kamel-Kofferraum holen und sie vor dem Kind in der Krippe ablegen. Da stellt sich uns, wenn wir in Gedanken wieder mit zur Krippe gehen, die Frage: Was bringen wir dorthin mit?

---

[40] vgl. Matthäus 2,11; siehe vorne S. 12

Was laden wir aus dem Kofferraum unseres Lebens vor dem Kind ab? Was soll Jesus bekommen?

Ja, ich gebe zu – das ist vielleicht eine merkwürdige Frage. Wir sind schließlich nicht die Weisen, die den Stall finden und das Kind.

Wir präsentieren keine offiziellen Gaben. Aber wir sind Menschen, die sich diesem Geheimnis der Weihnacht wieder nähern wollen, die singen: »Ich steh an deiner Krippen hier.« Und da können wir schon die Frage wagen: Was bringen wir der Hauptperson dieses Festes mit?

Ich meine, die Weisen mit ihren Prototyp-Geschenken können uns dabei weiterhelfen.

Von ihnen heißt es zuerst: Sie brachten

Gold.

Sie legen vielleicht wertvolle Münzen vor die schäbige Futterkrippe. Sie deponieren teuren Schmuck neben Windeln und Stroh. Sie geben etwas von ihrem Reichtum in den armen Stall. Und damit praktizieren sie eine innere Freiheit, die mit Weihnachten zu tun hat.

Es ist wie eine innere Bewegung, die sie uns vormachen: Was wir haben, können wir teilen. Was wir besitzen, wollen wir nicht allein für uns behalten. Ja, du Kind in der Krippe, unseren Wohlstand legen wir dir hin – im Dank für allen äußeren Reichtum, den wir zum Leben haben und genießen können. Und auch mit der Bitte: Nimm du, was wir haben, in deine Hand, dass wir recht damit umgehen. Dass wir uns nicht egoistisch klammern an das, was uns eh nur auf Zeit gegeben ist. Dass wir uns nicht in Sorgen über das Materielle aufreiben und nicht im Ärger darüber zerstreiten lassen.

Vergessen wir nicht bei all unserem reichen Feiern in den Festtagen: Gott kommt als armes Kind zur Welt, nicht in einem Palast, sondern in einem Stall. Er liegt nicht in einem Bett für Prinzen, sondern in einer Futterkrippe für Tiere. Das heißt auch: Gott hat Armut erlebt. Er kennt sie durch und durch. Und er ist denen in besonderer Weise nahe, die auf der anderen Seite des Wohlstands leben – den Armen, den Suchenden und Verzweifelten weltweit und auch bei uns.

Von Kindern hören wir in diesen Wochen besonders, von hungernden und kranken Kindern in armen Ländern, bei uns von Kindern aus sozial schwachen Familien und solchen, die ohne Liebe und sogar unter Gewalt aufwachsen müssen. Von den Weisen heißt es: Sie brachten Gold zu dem Kind in der Krippe. So beginnen sie eine Bewegung, die heute nicht nur in ungezählten Hilfs- und Spendenaktionen weitergeht, sondern die uns beim Feiern dieses Weihnachtskindes sensibel sein lässt für Kinder dieser Welt, für die kleinen und auch für die erwachsenen Kinder Gottes, die sich heute nach Wärme sehnen, nach Brot und Liebe.

Die Weisen schenkten ihm Gold.

Und dann: Sie schenkten dem Kind

Weihrauch,

jenes wertvolle Gummiharz in Form von kleinen Körnern, das erst anfängt zu wirken, wenn man es anzündet. Dann steigt der Rauch auf, dann duftet er und stimuliert. Er füllt einen Raum und fasziniert.

Weihrauch war schon in der Antike ein Symbol für alles, was unsere Sinne berührt, was unsere Seele bewegt, was unser Gemüt beschäftigt. Wenn nun die Weisen Weihrauch zur Krippe mitbringen, dann können sie damit ausdrücken: Du Mensch gewordene Nähe Gottes, nun nimm du alles hin, was unsere Seele füllt an Glück und an Erfolg, an überschwänglicher Freude und an dem, was uns begeistert. Unsere Ideen und Fantasie, unsere Gedanken und Träume. Aber auch, was unsere Seele bedrückt an Sorgen und an Sehnsüchten, was uns an Ängsten bewegt und an Ungelöstem – all das müssen wir nicht draußen lassen vor der Stalltür, sondern wir können es dem Kind in der Krippe hinlegen. Es muss nicht irgendwo im

Dunkeln bleiben, sondern wir können es zu diesem Fest mitbringen, es in das Licht der Weihnacht stellen, in das Licht Gottes.

Am Heiligen Abend herrscht in vielen Familien und Beziehungen die Sehnsucht, dass noch einmal manches neu wird, wieder heil und geklärt und versöhnt. Nehmen Sie eine solche Hoffnung wie Weihrauch mit zur Weihnachtskrippe. Der Christus, dessen Kommen wir feiern, hat die Kraft, Menschenherzen zu verändern, aus Friedlosigkeit wieder Gedanken des Friedens zu schaffen, aus hart gewordenen Seelen solche, die Gottes Liebe in vollen Zügen empfangen und die dann erfahren, was Erlösung heißt, ein Neu- und wieder Heil-Werden.

Bringen wir unsere Seele mit zur Krippe, unser ganzes Leben mit all seinen Hoffnungen und Ängsten. Das ist das geeignete Geschenk, das wir Jesus an Weihnachten an die Krippe legen können.

Das dritte Geschenk: Die Weisen brachten dem Kind

Myrrhe,

jenen harzigen Saft, den man Leidenden zur Linderung gab und mit dem man Wunden heilend einreiben konnte.

Das Harz sickert aus Einschnitten an Zweigen eines bestimmten Buschbaums heraus; dabei tropft es aus den Wunden des Baumes in Form von Tränen herunter.

Wenn nun die Weisen Myrrhe zur Krippe bringen, dann zeigen sie: Auch unsere Tränen bringen wir zu deiner Krippe. Auch die wunden Stellen in unserem Leben, die Kerben und Enttäuschungen und seelischen Verletzungen, die sich da so angesammelt haben, und alles heimliche Weinen. Ja, auch Leiderfahrungen gehören in den Stall, gehören dorthin, wo Jesus geboren wird. Er kam in die Armut eines Stalles. Er ging später den Leidensweg ans Kreuz, gerade weil ihm unsere Tränen nicht gleichgültig sind. Die Mühseligen und Beladenen lädt er ganz nah zu sich ein und macht Mut dazu, – ganz in den Spuren der weisen Könige – ihm die Myrrhe unseres Lebens hinzulegen.

Die Weisen schenkten ihm Gold, Weihrauch und Myrrhe.

War dies nur eine Art Verehrung? Oder haben sie im Tiefsten gespürt, was wir heute wissen: Der da geboren wurde, der lässt sich nicht nur beschenken, sondern er schenkt uns noch viel mehr.

Er bringt den Reichtum der Liebe Gottes. Er bringt den Schatz der Versöhnung in unsere Welt. Er schenkt uns die Würde, Kind Gottes zu sein – ganz egal, wie wir äußerlich dran sind. Unsere Geschenke, die wir an Weihnachten einander machen, sind immer nur ein schwacher Abglanz des Reichtums, den das Kind in der Krippe mitbringt.

Weil das gilt, darum sind wir dann, wenn wir die drei Könige an der Krippe stehen sehen, eingeladen, in ihren Spuren zur Krippe zu kommen. Gold – unser äußerer Reichtum; Weihrauch – unsere Sinne und was uns seelisch bewegt; Myrrhe – unsere Tränen und Leiderfahrungen: Sie sind das geeignete Geschenk für das Kind in der Krippe und dann für den Mann am Kreuz.

Paul Gerhardt hat es so gemeint, als er dichtete:[41]

> *Ich steh an deiner Krippen hier,*
> *o Jesu, du mein Leben;*
> *ich komme, bring und schenke dir,*
> *was du mir hast gegeben.*

Wenn wir diese Liedstrophe hören, ist es wie ein Gebet, das uns öffnet, uns frei sein lässt und froh:

> *Nimm hin, es ist mein Geist und Sinn,*
> *Herz, Seel und Mut, nimm alles hin*
> *und lass dir's wohl gefallen.*

---

[41] EG, Nr. 37,1

Der Esel

Vermutlich ist es bei Ihnen an Weihnachten auch so: Da leuchten Kerzen, da duftet das Festessen, da strahlt der erleuchtete Christbaum. Und in den meisten Wohnungen steht auch eine Krippe: ein Stall, einfach geschnitzt oder schön verziert, darin Maria und Josef, das Kind, die Hirten, die Könige. Und da sind noch zwei Figuren: Ochs und Esel. Sie dürfen nicht fehlen. Sie gehören dazu. Manchmal stehen sie in den Hintergrund gedrängt, in der dunkelsten Ecke des Stalls. Oft beachtet man sie kaum. Aber seit Jahrhunderten stehen sie da.

Darum möchte ich den Esel einmal besonders hervorheben. Der Esel soll uns ein Nachdenken wert sein.

Nein, nicht dass er uns Eseleien aufbinden soll. Er soll uns auch nicht zu dummen Eseln machen und erst recht nicht dazu ermutigen, anderen diesen tierischen Titel zu gönnen. Doch wer schon so lange an der Krippe steht wie der Esel und wer an Weihnachten die Ehre hat, in so vielen Wohnzimmern zu gastieren, der soll uns einmal auf seine Weise zeigen, was Weihnachten heißt.

Über drei Eselsbrücken kann uns der Esel bei der Krippe führen, Eselsbrücken zur echten Weihnachtsfreude.

Zur ersten Eselsbrücke müssen wir in den ersten Teil der Bibel, ins Alte Testament, zurückblättern. Denn in der Weihnachtsgeschichte des Lukasevangeliums kommt der Esel ja genau genommen gar nicht vor. Mit keiner Silbe taucht er auf. Nur eben die Futterkrippe wird genannt. Wie kommt aber der Esel an die Krippe?

Ein Blick ins Alte Testament hilft weiter. Der Prophet Jesaja weiß nämlich etwas vom Esel zu berichten. Gleich ganz vorn im 1. Kapitel schreibt er: *Ein Ochse kennt seinen Herrn und ein Esel die Krippe seines Herrn; aber Israel kennt's nicht und mein Volk versteht's nicht.*[42]

Weil dies bei Jesaja steht, darum hat man seit Jahrhunderten den Esel zur Krippe gestellt.

Ein Esel kennt seinen Herrn. Er weiß, wo er hingehört. Sicherlich – ein Esel ist kein Intellektueller: sein Kopf ist groß, aber eben ein Eselskopf. Seine Ohren sind lang, aber eben Eselsohren. In Mathematik hat

---

[42] Jesaja 1,3

er eine 6, und im Sprechen kam er über *i* und *a* nie hinaus. Und doch – so steht es bei Jesaja – weiß er das Wichtigste. Er weiß, worauf es ankommt: Er weiß, in welchem Stall er zu Hause ist. Er kennt seinen Herrn und ist bei ihm daheim und geborgen.

Wir sind keine Esel. Wir gehören zur Gattung des *Homo sapiens*, auf Deutsch: der weise Mensch. Und der kann viel: Er kann Mondraketen bauen und Kriegsraketen leider auch. Er kann Gene verändern und Bilder um die Welt schicken. Aber ist er im Bilde über sich selbst? Wissen wir noch, wo wir zu Hause sind? Gehalten und geborgen?

Jedem Esel haftet ein Stallgeruch an, der Geruch des Stalles, aus dem er kommt.

Jedem von uns haftet eine Art göttlicher Stallgeruch an: die tiefe Ahnung, dass wir eigentlich zu Gott gehören, zu unserem Schöpfer. Die Ahnung, dass unser Leben in dieser Welt mit ihren Schönheiten und mit ihren Schrecken eigentlich bei Gott zu Hause ist und dort erst heil wird.

Diese Ahnung drückt sich in einem Suchen aus – nach etwas, was unserem Leben einen Sinn gibt und unseren Jahren ein Ziel.

In den Advents- und Weihnachtstagen bewegt uns vielleicht mehr als sonst der Wunsch, es soll so vieles noch mal ganz anders sein: mit dem Partner noch mal neu anfangen, mit den Kindern wieder zusammen sein. Wunden in der Seele nicht kaschieren müssen, sondern sie heilen sehen.

Eine tiefe Sehnsucht nach Leben steckt in uns, der Wunsch, versöhnt und glücklich zu sein. Eine Sehnsucht nach Gott haftet uns an. Doch wie finden wir ihn? Wie kommen wir ihm näher?

Gott kommt zu uns. Das ist Weihnachten.
Er findet uns. Das ist ein Fest.

Nicht in einem unnahbaren Palast kommt er zur Welt, sondern in einer Bretterhütte bei Bethlehem. Nicht in geheimen Räumen, sondern im Stall, wo die Türen offen stehen, auch für alle, die in diesen Tagen Weihnachten mitfeiern.

Gott will uns bekannt sein. Darum kam Jesus Christus. Er will unsere Sehnsucht stillen, will uns Leben schenken mit Ewigkeitswert, ein Leben in Verbindung mit ihm, damit wir den kennen, von dem wir kommen und zu dem wir gehen.

Das ist die erste Eselsbrücke zur Weihnachtsfreude:

> Ein Esel kennt seinen Herrn.

Und die zweite Eselsbrücke heißt:

Der Esel macht Platz.

Ich kann mir gut vorstellen, dass der Esel von Bethlehem erst einmal ganz merkwürdig dreinschaute, als sich da ein junges Paar in seinem Stall einquartierte. Und als Josef die Futterkrippe auch noch zum Babybett umfunktionierte, da hätte der Esel echt bockig werden können: Wer stört denn hier meine Ruhe?

Aber davon steht nichts in der Weihnachtsgeschichte. Und an den Krippenfiguren sehen wir: Der Esel macht Platz. Er lässt seinen Herrn rein. Darum wurde es in seinem Stall hell.

Bei uns drängt sich in den Advents- und Weihnachtstagen viel herein: Einkäufe, Vorbereitungen, Pläne. Manche Berufstätige haben selbst am Heiligen Abend bis zum Mittag alle Hände voll zu tun. Und was sich in den Advents- und Weihnachtswochen auch reindrängt, sind Nachrichten aus weltweiten Krisenherden, Meldungen über Finanzprobleme, Flüchtlingsströme, Gewalt und Leid.

Das und vieles mehr füllt den Stall unseres Lebens aus. Und da stehen dann auch schon die Fragen vor der Tür: Was kommt im nächsten Jahr? Was bringt es uns persönlich? Und was unserem Land und der Weltwirtschaft? Was wird aus der Arbeit, aus unseren Kindern, aus unserem Leben?

Weihnachten heißt – das kann der Esel zeigen: Jesus Christus Raum geben. Denn gekommen ist ja nicht bloß ein süßes Kind, sondern der Herr, der uns sagt: *Ich will bei euch wohnen.* Ich will euch neue Kraft geben und Hoffnung über den Tag hinaus.

Sein Wort ist nicht konjunkturabhängig. Seine Liebe bleibt wertbeständig. Denn sie hat Ewigkeitswert.

Der Esel machte Platz für Christus. Das ist die zweite Eselsbrücke zur Weihnachtsfreude.

Die dritte Eselsbrücke lautet:

> Der Esel wird zum Christusträger.

Eine Legende sagt, der Esel aus Bethlehems Stall sei es gewesen, der dann Maria mit dem Kind nach Ägypten getragen hat und 30 Jahre später auch Christus, als er in die Stadt Jerusalem einzog. Damals, am Palmsonntag, ritt Jesus tatsächlich auf einem Esel. Ganz egal, ob es der aus dem Stall von Bethlehem war oder nicht: Der Esel in der Bibel wird jedenfalls zum Christusträger.

Jesus kam, um unsere Last zu tragen, die Last unserer Schuld und unserer Verletzungen. In seiner Kraft können wir im guten Sinn Lastesel für andere werden.

Ich weiß, viele wünschen sich in diesen Zeiten lieber einen Goldesel. Aber solch einen Esel gibt es nicht, und es kann ja auch letztlich nicht darum gehen, immer mehr haben zu wollen. Sondern es wird darum gehen, wie wir das, was wir haben, gerecht verteilen und wie wir auch in Krisenzeiten den Blick auf den Nächsten nicht verlieren, ob er bei uns keine Arbeit hat, ob er bei uns Zuflucht sucht, ob er in Afrika kein Essen oder kein sicheres Zuhause mehr hat.

Dazu braucht es Christusträger in unserer Welt, und die kann und soll es geben.

Christusträger, die nicht als dumme, sondern als sehr gescheite Esel Christus überall dorthin tragen, wo Menschen weinen, weil sie nicht weiter wissen.

Wo Menschen hungern, weil die Liebe der Reichen nicht bis zu ihnen reicht.

Wo Menschen in verkrusteten Beziehungen leben, weil sie nicht zur Versöhnung finden.

Lasst uns Christusträger sein in unserer Welt. Denn wo Christus hingetragen wird – im glaubenden Herzen, in versöhnenden Worten und in liebenden Taten –, dort lernen Menschen wieder zu lachen und zu versöhnen, dort bricht sich Freude Bahn. Da wird es Weihnachten. Daran kann uns der Esel an der Krippe immer wieder erinnern.

Don Helder Camara, ein brasilianischer Bischof und Helfer der Armen, er hat es einmal in einem Gebet so formuliert:

Herr Jesus Christus,

du bist zu uns in die Welt gekommen auf einem Esel.

Du willst nicht über Menschen herrschen, sondern du hast uns allen gedient.

Du bist unser Sündenbock und Lastesel geworden.

Du hast alles auf dich genommen am Kreuz.

Nun sind wir entlastet.

Dafür danken wir dir.

Aber nun wollen wir Lasten tragen von Menschen, die belastet sind.

Wir wollen ganz in deiner Nähe sein. Lass uns deine Lastesel sein, Christus.

Amen.

Der Christbaum

Zu Weihnachten gehört ein Baum! Der Weihnachtsbaum. *Christbaum* heißt er nach der Hauptperson dieses Festes. In fast jeder Weihnachtsstube steht er am Heiligen Abend, glänzt und duftet, leuchtet und strahlt, trägt Kerzen und Kugeln. Ganz verschieden kann er aussehen – groß oder klein, dick oder dünn, gerade oder krumm, eine zarte Fichte oder eine kräftige Nordmanntanne.

Aber ist das nicht ein heidnischer Brauch? So fragen manche. Dieses Gerücht hält sich wacker in unserem Land, besonders seitdem die Nationalsozialisten den Weihnachtsbaum als Jultanne verklärten und irgendwelche germanische Wurzeln darin sahen.

Nun haben sich sicherlich Schichten an Traditionen und Brauchtum über den Baum gelegt. Gerade deshalb aber kann es interessant sein, mal nach dem Kern des Christbaums zu fragen und danach, welche Botschaft er uns an Weihnachten in die Wohnzimmer bringt.

Sehen wir ihn an, den Christbaum. »*Lebensbaum*« wurde er früher auch genannt. Schon dieser Name führt uns auf die richtige Spur. Warum »*Lebensbaum*«? Dazu schlagen wir die Bibel auf, ziemlich weit vorn im 1. Mosebuch, Kapitel 2. Dort wird berichtet, wie Gott die Erde geschaffen hat, die Pflanzen, Tiere und den Menschen: Er setzte sie ins Paradies. Das ist ein Ort der Schönheit und des Friedens und auch ein Ort der Nähe Gottes. Da, so sagt die Bibel, war Gott sichtbar da. Da stand nichts zwischen Gott und Menschen – und darum auch nichts zwischen Mensch und Mensch.

Und dann heißt es in der Urgeschichte über das Paradies: Gott pflanzte *den Baum des Lebens mitten im Garten und dazu den Baum der Erkenntnis des Guten und des Bösen.*[43]

Im *Baum des Lebens* haben wir ihn – den Urahnen aller Weihnachtsbäume. Der Baum des Lebens sollte mitten in der Schöpfung zeigen: Gott hat das Leben gemacht. Gott will, dass seine Geschöpfe mit ihm leben. Den Baum, der demonstrieren sollte: Leben kann gelingen – Leben mit Sinn, Leben in Frieden, Leben über den Tod hinaus. Gott pflanzte diesen Baum des Lebens.

Vielleicht erinnern Sie sich, was dann folgt: die Geschichte mit der Schlange und ihrem Locken und

---

[43] vgl. 1. Mose 2,9

Ziehen. Wichtig sind jetzt gar nicht die Feinheiten, warum Adam und Eva *vom Baum der Erkenntnis des Guten und Bösen* essen. Entscheidend ist vielmehr, was die Urgeschichte als Folge davon erzählt: Nun ist das Böse in der Welt. Der Mensch folgt ihm. Wo Gott gesagt hatte, es nicht zu tun, stellt sich der Mensch gegen Gott. Er will selbst Gott sein, Herr über das Leben – über das eigene und über das Leben anderer.

Und was ist die Folge? Die Bibel sagt: das *verlorene Paradies*. Das spüren wir bis hinein in diese Festtage: Da werden unter der Fassade des Weihnachtsglanzes viele Tränen geweint, Tränen der Trauer und der Einsamkeit – verlorenes Paradies. Da werden im Glanz der Kerzen Wunden schmerzlicher erlebt als sonst – gestörtes Leben. Trennung oder Streit in der Familie belasten, auch Sinnleere im Leben, wenn der Arbeitsplatz fehlt oder die Anerkennung.

Verlorenes Leben. Verschlossenes Paradies.

Wir würden zu schmalspurig feiern, wenn wir an Weihnachten die Menschen einfach vergessen würden, denen nicht zum Feiern zumute ist: hungernde Kinder in den Flüchtlingslagern in Syrien oder im Südsudan, wohnsitzlos Gewordene bei uns, Trauernde, Einsame. Stellvertretend für viele andere nenne ich sie hier. Verlorenes Paradies.

Aber Gott will nicht, dass das Paradies verloren bleibt. Er will nicht, dass wir Verlorene sind. Er geht dem Verlorenen nach. Das ist Weihnachten. Er kommt in Jesus. Er kommt wieder den Menschen nah. Er kommt zur Welt.

Das ist das weltverändernde Geheimnis dieses Festes. Das ist viel mehr als nur ein bisschen romantische Feier. Da geht es um Gottes mächtige, rettende, weltumspannende Liebesaktion für uns. Ein Weihnachtslied bringt es auf den Punkt: *Heut schließt er wieder auf die Tür zum schönen Paradeis.*[44]

Wenn am Heiligen Abend die Weihnachtstüren aufgehen und der Baum erstrahlt, dann ist dies nur der Abglanz der großen Rettungsaktion Gottes: *Heut schließt er wieder auf die Tür* – zum Paradies, zum Leben, zu Gott.

Im Mittelalter feierten es die Leute auf ihre Weise. Der 24. Dezember ist von alters her der Gedenktag an Adam und Eva. Man spielte an diesem Tag das Paradies, holte sich einen Baum und dekorierte ihn als Baum des Lebens. Manche kennen noch das *Paradiesgärtchen* mit dem Baum in der Mitte, das früher viele Weihnachtszimmer schmückte. Dann spielte man es nach: die gute Schöpfung und den Sündenfall. Und in der Nacht auf den 25. Dezember feierte man das

---

[44] Nikolaus Herman, EG, Nr. 27,6

Christus-Fest, nun mit dem Lebensbaum als Christbaum, weil in Jesus Christus die Tür zu Gott wieder offen steht. Die Tür zum Leben, zum wahren, sinnvollen, frohen Leben in der Gemeinschaft mit Gott.

Man fing dann bei den Paradiesspielen des Mittelalters irgendwann an, Kerzen auf den Baum zu setzen. Lichter, die strahlen und glänzen, weil Jesus als das Licht der Welt kam.

Wer in den Weihnachtstagen sich nicht so richtig mitfreuen kann, weil da viel Dunkles im Leben ist, bedrückende Sorgen und quälende Ängste, wie es weitergeht, der soll bewusst und hoffnungsoffen zu den Kerzen auf dem Christbaum schauen. So wahr Jesus als Kind geboren wurde, so wahr kann er als Licht in uns, in Ihnen und in mir, geboren werden und das Leben hell machen.

Ich kenne aus eigener Erfahrung noch einen alten Brauch, und manche Familien feiern den Heiligen Abend zu Hause immer noch so: Die Tür zur Weihnachtsstube bleibt zuerst noch verschlossen. Draußen im Flur ist es dunkel. Dort liest jemand die Urgeschichte vom Sündenfall und vom verschlossenen Paradies. Dann erst wird die Tür zum Weihnachtszimmer aufgemacht, die Tür dorthin, wo die Kerzen auf dem Baum brennen, wo es hell und warm ist. *Heut schließt er wieder auf die Tür zum schönen Paradeis.*

Hinter diesem Brauch steckt mehr als nur eine nette Tradition. Da wird sie erlebt: die Tür, wenn sie aufgeht. Da wird er gangbar, der Weg aus dem Dunkel ins Licht. Es ist der Weg, zu dem wir, Alte und Junge, an diesem Fest eingeladen sind: aus dem Dunkel ins Licht, aus den Schatten des Lebens hin zur Krippe. Dort, wo das Licht zur Welt kommt, wo wir Frieden finden und Orientierung für unsere Tage und Jahre.

Heut schließt er wieder auf die Tür zum schönen Paradeis.

Nein, noch leben wir nicht im Paradies. Das wissen wir. Nach dem Fest werden Baum und Kerzen und Sterne wieder weggeräumt, und dann geht der Alltag weiter mit seinen Herausforderungen und Lasten. Noch leben wir nicht in einer heilen Welt. Aber: *Der Heiland ist geboren.* Wo er in uns Raum gewinnt, da bringt er Leben mit, ein versöhntes Leben, ein Leben mit Hoffnung, ein Leben mit dem und für den, der als Kind in der Krippe zu uns kam. Daran kann uns der Baum erinnern, der zum Christbaum wurde. Wenn er zu Hause aufleuchtet, soll uns einleuchten, dass das Licht der Welt zu uns kam. Und das Paradies muss nicht verloren bleiben.

Spannende Weihnachten

Die Weihnachtsbotschaft
des Lukasevangeliums

Ein spannendes Weihnachtsfest wünsche ich Ihnen. Ich gebe zu: ein seltsamer Wunsch. Ein schönes Fest wünschen wir uns und ein gesegnetes, ein ruhiges vielleicht auch ein friedliches. Aber ein spannendes? Spannend wird es ja nur vor und an Heiligabend, wenn die Geschenke noch verpackt sind. Aber dann werden am Fest die Geheimnisse gelüftet. Die Präsente kommen ans Tageslicht: Was hat sie ausgesucht? Was hat er erstanden? Bis dahin gibt es noch Getuschel und verpackte Geheimnisse. Aber am Heiligen Abend werden die Geheimnisse aufgedeckt: Da liegt die neue Krawatte, dort rast die Eisenbahn, hier duftet das frische Parfüm. Die Spannung ist verflogen.

Trotzdem: Ich wünsche Ihnen ein spannendes Weihnachtsfest! Nicht wegen der Geschenke. Auch nicht wegen der Frage, ob die Weihnachtsgans kulinarisch perfektioniert mundet. Erst recht nicht wegen belastender Spannungen zwischen den Festgästen. Spannend im guten Sinn wird es, wenn wir uns ganz nüchtern die Geschichte ansehen, von der alles ausgeht: die Weihnachtsgeschichte im Lukasevangelium, die mit den berühmten Worten beginnt: *Es begab sich aber zu der Zeit...*[45]

Es ist interessant, auf die Spannungen zu achten, die diese Erzählung durchziehen. Auf den ersten Blick ist der Bericht des Lukas ein knochentrockener Text, eine nüchterne Nachricht. Keine festlichen Attribute, keine romantischen Beschreibungen, keine stimmungsvollen Untertöne. Fast wie ein sachlicher Zeitungsbericht: Da und dann war es, so und so, diese Personen, Umstände, Handlung – kurz und bündig.

Und doch liegt über diesen einfachen Zeilen, die wir immer wieder an Weihnachten hören oder lesen, eine ungeheure Spannung. Eine gewaltige Zerreißprobe steckt in der Geschichte, die mit dem Erlass des Kaisers Augustus begann. Drei Spannungsbögen sind zu entdecken:

---

[45] Lukas 2,1-14, vgl. den abgedruckten Text vorne auf Seite 9f

Erster Spannungsbogen: Der Augustus da oben und der Augustus da unten – und die Frage heißt:
Wer ist zu ehren?

Mit Kaiser Augustus beginnt die Weihnachtsgeschichte. Genauer gesagt: mit Gaius Julius Cäsar Octavianus. So hieß der erste römische Kaiser, der Adoptivsohn des großen Cäsar, der fast die ganze damals bekannte Welt eroberte. Durch geschickte politische Schachzüge und durch Intrigen kam er an die Macht – und das mit 32 Jahren. Den Namen seines Adoptivvaters Cäsar trug er weiter – bald schon als Titel *(aus Cäsar wurde so Kaiser)*. Dieser Cäsar Octavianus bekam bereits nach vier Jahren glanzvoller Regierungszeit und auf der Höhe seiner Macht einen Ehrentitel. Er ließ sich der *Erhabene* nennen, genauer noch: der *Anbetungswürdige* – auf lateinisch: *Augustus*.

Augustus heißt: »Der ist zu verehren. Der ist anbetungswürdig.« Den *göttlichen Augustus* nannte man den Herrscher von Rom. Und nun – spüren Sie die Spannung? Den, der die Macht hat, den, der als göttlicher Herrscher gilt, den *Erhabenen, Anbetungswürdigen* nennt Lukas am Anfang der Weihnachtsgeschichte – und er zeigt: da wird ein ganz anderer Herrscher geboren. Da ist ein Kind anbetungswürdig. Da knien die Hirten vor einem armseligen Kind in einer Futterkrippe. Und es ist, als stelle Lukas die beiden nebeneinander: hier der erhabene Augustus – und dort das schwache Kind. Hier der sogenannte göttliche Herrscher des römischen Weltreiches – und dort das kleine Menschenwesen, dem die himmlischen Heerscharen singen.

Hier knien sie vor dem Kaiser in der Welthauptstadt – und dort knien sie vor einem Kind im Stall. Was für ein brennender Kontrast. Und die Frage ruft aus der Geschichte: Wer ist nun eigentlich der *Augustus*, der Anbetungswürdige?

Das Kind oder Cäsar Octavianus? Jesus oder der Kaiser Nero oder Karl der Große oder August der Starke oder der, den man im letzten Jahrhundert den »Führer« nannte? Wer wurde nicht schon alles angebetet in der Welt? Von wem erwartete man Heil? Auf wen setzten Menschen nicht schon ihre Hoffnung?

Heute sind es bei uns nicht mehr so sehr die Herrschergestalten, die als göttlich verehrt werden. Die Augustusgrößen haben sich gewandelt. Vor einem Präsidenten oder einer Kanzlerin kniet heute kaum jemand nieder. Aber vor anderen »*Augustussen*« beugen wir uns oft genug – vor Wohlstand und Geld, vor Karriere und Ansehen, vor Events und der Suche nach Glück. Nach all dem kann man streben. Aber die Frage ist, wann etwas zum *Augustus* für uns wird, zum Anbetungswürdigen, zum Vergöttlichten.

Die Botschaft der Engel beginnt mit einer interessanten Prioritätensetzung: *Ehre sei Gott!*[46] Ehre dem, der in diesem Kind zu uns kommt.

Dieses Lob der Engel gilt es, durchzubuchstabieren. Wir erleben eine Zeit, in der Menschen neu danach fragen, was denn wirklich Wert hat und was nicht, worauf Verlass ist und worauf nicht. Das Lob der Engel in der Heiligen Nacht ordnet die Koordinaten: *Ehre sei Gott!* Mit Martin Luther gesagt: *Wir sollen Gott über alle Dinge fürchten, lieben und ihm vertrauen.*[47] Das ist die Augustusbotschaft der Weihnachtsgeschichte. Gott zuerst! Wer ihm die Ehre gibt, bekennt, wer die Fäden der Weltgeschichte in der Hand hat. Wer Gott die Ehre gibt, orientiert sein Leben auf das Kind in der Krippe hin und wird erlöst von der Sorge um sich selbst. Wer in das *Ehre sei Gott!* mit einstimmt, wird frei, sich selbst im Licht des Kindes in der Krippe zu sehen – und seinen Mitmenschen auch, ja die ganze Welt, die er in Händen hält. Das Lob der Engel gibt die erste Orientierung: *Ehre sei Gott.*

---

[46] Lukas 2,14
[47] Martin Luther, Kleiner Katechismus, Erklärung zum 1. Gebot

Zweiter Spannungsbogen: Der Heiland in Rom
und der Heiland in Bethlehem – und die Frage heißt:
Wer bringt wirklich Frieden?

Heiland heißt auf Griechisch *Sotēr,* deutsch: *der Retter.*

Sotēr – so nannte man im Römischen Reich den Kaiser Augustus. Den Retter aus den Wirren der Jahrzehnte zuvor. Den *göttlichen Heiland* sogar. Das zeigen in Stein gehauene Worte auf einem Denkmal in Halikarnassos. Da steht über Augustus: »… da die ewige und unsterbliche Natur des Alls den Menschen das höchste Gut zu ihren überschwänglichen Wohltaten bescherte, hat sie, damit unser Leben glücklich werde, den Cäsar Augustus zu uns gebracht, der der Vater seines Vaterlandes, der göttliche Roma ist, der väterliche Zeus aber und Heiland [›Sotēr‹] des ganzen Menschengeschlechts.«[48] Ganz ähnlich lautet eine Inschrift im kleinasiatischen Priene: »Die Vorsehung, die alles ordnet in unserem Leben, bewies Eifer und Ehrgeiz, denn sie bestimmte das Beste für unser Leben: Sie sandte Augustus, machte voll ihn der Wür-

---

[48] Übersetzung nach Adolf Schlatter, Die Mission und Ausbreitung des Christentums, 4. A., VMA Wiesbaden 1924 (Nachdruck der Originalausgabe Leipzig 1924), S. 277

de, den Menschen zum Heil. Sie schickte für uns den Heiland …«[49]

Augustus hatte zu Beginn seiner Regierungszeit Frieden angekündigt. Frieden nach den vielen Kriegsjahren unter Cäsar, Frieden, nach dem sich die Menschen sehnten. Und ja, sie kam, die Friedenszeit, der *römische Friede*, wie man ihn nannte, die *pax romana*. Aber was für ein Friede war das? Es war kein Friede durch Gerechtigkeit, kein Friede durch Versöhnung. Sondern einen Friedhofsfrieden brachten die römischen Truppen, eine Befriedung, nachdem alle Feinde besiegt waren und tot.

Da hinein verkündet der Engel nun in jener Nacht *große Freude: Euch ist heute der Heiland (Sotēr) geboren* – und dazu: *Friede auf Erden!*

Entdecken wir auch hier die ungeheure Spannung, die über dieser Geschichte liegt? Der *Heiland* hier und der *Heiland* dort. Indem Lukas diese Geschichte erzählt und indem er sie mit dem als *Heiland* verehrten *Augustus* beginnt und die Botschaft vom Heiland in Bethlehem dagegensetzt, stellt er die spannende Frage: Wer ist wirklich Heil-Bringer? Wer kann Frieden schaffen – in der Welt und in uns? Wer bringt Gerechtigkeit unter Menschen?

---

[49] Jörg Zink, Bildwerk zur Bibel, Band 3, Burkhardthaus-Laetare-Verlag Gelnhausen-Berlin-Stein/Mfr 1981, S. 151

Das Kind in der Krippe bringt keine *pax romana*, sondern eine *pax divina*, nicht einen *römischen*, sondern einen *göttlichen* Frieden. Und wenn Gott Frieden schenkt, dann macht er heil, er schenkt versöhnende Kraft. Kein Friedhofsfrieden, sondern lebendige Versöhnung, neues Leben.

Sagen wir nicht zu schnell, das sei doch alles klar. Sagen wir auch nicht, die Frage, wer denn Heil für unser Leben bringt, sei altmodisch und überholt. Noch vor ein paar Jahrzehnten sagte man sich schon im Gruß, dass man das Heil von einem »Führer« erwarte.

Heute sehnen sich Menschen nach äußerem Frieden in der Welt, aber genauso nach innerem Frieden, nach einem wirklich zufriedenen Leben. Darum boomt der Markt der Heilsanbieter. Esoterische Ratgeber haben Konjunktur. Aberglaube blüht. Horoskope liegen in den Buchhandlungen viel weiter vorn als die Herrnhuter Losungen. Gesundheit des Körpers und der Seele ist gefragt. Heile Beziehungen wünschen wir uns. Aber wie viel zerbricht da immer wieder!

Die Botschaft: *Euch ist heute der Heiland geboren* – ist nicht zuerst eine liebliche Idylle an Festtagen, sondern eine Provokation gegen andere Götter und Götzen, eine Kampfansage gegen Irrglauben und

Aberglauben. Sie ist eine Herausforderung, eben bei diesem Kind in der Krippe und nirgendwo sonst letzten Halt zu finden und Frieden im Leben und Sterben. Denn das Kind in der Krippe ist ja niemand anderes als der Mann am Kreuz und als der, von dem es dann heißt: Er ist nicht tot. Er ist auferstanden und lebt. Er ist heute bei uns und alle Tage bis an der Welt Ende. Er kann und will Frieden bringen, auch wenn es um uns oder in uns noch so friedlos aussieht. Er will und kann Heil schaffen, auch wenn so vieles ganz heillos scheint. *Euch ist heute der Heiland geboren* – das gilt auch an den Weihnachtstagen wieder neu, und es wird immer dann frische Realität, wenn Jesus Raum bekommt, in uns zu wirken.

Der Heiland hier und der Heiland dort – wer bringt wirklich Frieden?

Dritter Spannungsbogen: Steuern für alle Welt oder Freude für alle Welt – und die Frage heißt: *Welcher Herrscher macht reich?*

Es ist bemerkenswert und in gewisser Weise komisch: Die Weihnachtsgeschichte beginnt mit einem Aufruf zur Steuererklärung – zuerst eine Volkszählung mit dem Ziel, dann Steuern erheben zu können.

Von Steuern hören und reden wir oft. Fließen sie gut? Oder sprudeln sie nicht mehr? Welche Steuern werden erhöht oder gesenkt? Wann gibt es eine neue Steuer? Und wann wird meine Steuererklärung fertig? Solche Fragen kennen wir. Aber was haben sie mit Weihnachten zu tun?

Achten wir auf den Spannungsbogen: Tatsächlich beginnt die Weihnachtsgeschichte mit einem Aufruf zur Steuerschätzung. Die Politik von Augustus war teuer. Die Truppen zur Befriedung der besetzten Länder kosteten Geld. Viel Geld. Die Hofhaltung in Rom kostete Geld. Politiker wie Quirinius oder Pilatus kosteten immens Geld. Und das in einem Weltreich.

Woher das Geld nehmen? Natürlich von den kleinen Leuten. Das wissen die Römer. Darum müssen Steuern her. Und weil die Steuern auf Lebensmittel und Zölle an den Grenzen schon längst nicht mehr ausreichen, besteuert man nun auch Grundbesitz und Immobilien, selbstständige Arbeit und Barbesitz. Dazu ließ Augustus im ganzen Reich zum ersten Mal eine Steuerschätzung ausrufen – *in aller Welt*, wie es ausdrücklich heißt.[50] Und genauso ausdrücklich sagt der Engel,[51] dass in dieser Nacht *aller Welt* die große

---

[50] Lukas 2,1
[51] Lukas 2,10

Freude verkündigt wird von dem Kind in der Krippe. *Aller Welt!*

Welche Gefühle haben Sie, wenn es um Steuern geht? Welche inneren Reaktionen weckt in Ihnen die Post vom Finanzamt? Stöhnen Sie auch bei jeder Steuererklärung? Klar: Steuern müssen sein. Sonst könnte kein Staat existieren. Steuern sind die Mittel zum Regieren. Steuern sind schon immer die fordernde Hand der Herrschenden. Wer regiert, verlangt.

Aber Gott schenkt. Das ist Weihnachten. Der himmlische Herr gibt. Er besteuert nicht, sondern er steuert sich selbst bei.

Das Kind in der Krippe ist nicht die fordernde Hand Gottes, sondern seine fördernde.

Nicht seine schätzende Hand, sondern seine schenkende.

Nicht eine Hand, die greift, sondern die gibt: *Freude, die aller Welt widerfahren wird.*

Die Weihnachtsgeschichte beginnt damit, dass alle Welt in Steuerlisten eingetragen werden soll – und gerade dieser *aller Welt* wird die frohe Botschaft verkündigt.

Spüren wir die Spannung über dieser Geschichte? Merken wir die Provokation? Das Kind in der Krippe nimmt es mit dem größten römischen Kaiser auf. Und mit all den Mächten und Kräften, die sich in unserem Leben auf Platz 1 drängen wollen.

Wer ist wirklich anbetungswürdig – der Augustus in Rom oder der in der Krippe? Stimmen Sie in den Weihnachtstagen neu in die Antwort der Engel ein. Wer ist wirklich Heiland und bringt Frieden? Welcher Herrscher macht wirklich reich? Ich wünsche Ihnen spannende Weihnachten.

Die Weisen

Die Weihnachtsbotschaft des Matthäusevangeliums

Matthäus überliefert im 2. Kapitel des Evangeliums seine Weihnachtsgeschichte. Er berichtet von den Weisen.[52] Ein Hauch von Exotik umweht diese Gestalten. Wir nennen sie die *Heiligen Drei Könige*. In Krippenspielen sind sie immer besonders schön orientalisch gekleidet. Aber im Evangelium heißt es ganz bescheiden: *Es kamen Weise,*[53] auf Griechisch: *Magoi* – Magier also *aus dem Land des* (Sonnen-) *Aufgangs*, aus Osten.

Aber aufgrund von Jesaja 60, wo vom Kommen der Könige die Rede ist, sah man bald Könige in ihnen. Und wegen der drei Geschenke – Gold, Weihrauch, Myrrhe (zwei von ihnen sind auch bereits in Jesaja 60 genannt) – dachte man sich, dass es drei Personen waren. Sie symbolisierten die drei damals bekannten Erdteile. Und da einer also aus Afrika kam, musste er

---
[52] Matthäus 2,1-12, siehe vorne Seite 11f
[53] vgl. Matthäus 2,1

wohl schwarz gewesen sein. So legten sich Ringe um diese Geschichte.

Aber im Matthäusevangelium steht einfach: *Es kamen Weise.* Sie hatten einen Stern entdeckt. Darum machten sie sich auf den Weg. Dem aufgeklärten modernen Menschen scheint hier vieles orientalisch bizarr; und nicht wenige Kommentare schrieben dazu, die Erzählung sei eine Legende mit märchenhafter Ausschmückung. Menschen, die sich von einem Stern leiten lassen, Könige, die in einem Stall knien – spricht das nicht gegen jede Logik?

Doch wenn wir die Geschichte einmal genauer ansehen, wenn wir die Figuren gleichsam entstauben, dann zeigt sie uns keine märchenhafte Fantasie, sondern eine Weisheit besonderer Art. Die Magier erleben in der Geschichte nämlich, wie das ist: aufmerksam sein für Zeichen Gottes, erkennen, was Gott an Erkenntnis wachsen lassen will. Und dabei erfahren, wie Gott führt.

Wie finden die Weisen das Kind in der Krippe? Wie kommen sie zu Jesus Christus?

Das Evangelium zeigt: Die Weisen erkennen ihren Weg im Stern, dann in der Bibel, schließlich in der Hingabe.

Stern

Das ist das Aufregende an dieser Geschichte: Die Weisen erkennen zuerst auf die Art, die sie verstehen können. Sie erleben damit, wie Gott sie auf die Spur des Glaubens setzt: Ihre Art des Erkennens war ihre Sternkunde. Davon berichtet Matthäus: Sie kommen zu Herodes und sagen:[54] *Wir suchen den neugeborenen König der Juden; wir haben seinen Stern gesehen.*

Was verbirgt sich dahinter? Der moderne Mensch sagt: Das ist eine Legende. Doch dahinter steckt mehr: Der schwäbische Astronom Johannes Kepler ist dem Geheimnis auf die Spur gekommen. Er beobachtet in den Oktobernächten des Jahres 1604 die Planeten Jupiter und Saturn. Er verfolgt ihre Bahnen. Und überrascht stellt er fest: Die beiden Planeten kommen sich merkwürdig nahe, sie kreisen umeinander, entfernen sich und kommen wieder zueinander. Dies geschieht drei Mal – man nennt das eine Konjunktion. Kepler errechnet, dass eine solche Konjunktion nur alle 258 Jahre vorkommt, im gleichen Sternbild sogar nur alle 794 Jahre. Und dann wird es aufregend: Kepler berechnet auch, dass im Jahr 7 v. Chr. eine solche Konjunktion stattfand. Der Astronom vermutet schon damals, dass der Stern der Weisen mit dieser

---

[54] vgl. Matthäus 2,2

Konjunktion der Planeten zu tun haben könnte. Doch niemand nimmt das wahr. Die Zeit geht über die Vermutungen Keplers hinweg, und über den Stern von Bethlehem sagt man schnell: Legende!

Bis ein Orientalist namens Paul Schnabel eine sensationelle Entdeckung macht: Er gräbt 1925 am Euphrat Tonscherben aus – Schriftstücke einer Sternwarte im alten Babylon. Eine Tonscherbe kann er entziffern und findet darin alle astronomischen Ereignisse des Jahres 7 v. Chr. genau aufgeführt – das Zusammentreffen der Planeten Jupiter und Saturn, wie Kepler es geschildert hat. Nun muss man wissen: Die Babylonier waren im Altertum als hervorragende Sternkundige bekannt. Und sie hatten ihre Deutungen: Der Planet Jupiter galt als Königsstern, der Saturn als Stern der Juden. Da liegt die Vermutung nahe, dass die sternkundigen Weisen wegen dieser aufregenden Himmelserscheinung nach Israel zogen. Dass sie so als erste Heiden von der Geburt Jesu erfuhren. Gott führte sie auf einem ganz besonderen Weg, den sie entdecken und gehen konnten. Gott hat sich so weit herabgelassen, dass er mit den babylonischen Weisen durch einen Stern geredet und sie nach Israel geführt hat.

Sagen wir nicht so schnell, die Himmelserscheinung sei Zufall gewesen. Lässt Gott nicht auch uns in unserem Leben manches zu-fallen? Ereignisse, Zusammentreffen mit anderen Menschen, Erfahrungen, die sich erst im Nachhinein als persönliche Führung Gottes entpuppen? Gott ist viel größer, als wir denken können. Er kann auf Wegen führen und sein Wirken erkennen lassen, die wir uns gar nicht vorstellen können.

Hier werden die Weisen geführt auf dem Weg ihres Spezialgebietes, ihrer Welt. Es ist gut, dass die Weisen dafür sensibel waren und sich auf den Weg machten. Sie haben erkannt, dass da etwas Besonderes geschieht.

Gefunden haben sie das Kind in der Krippe dadurch allerdings noch nicht. Dies war nur der erste Schritt. Sie suchten den neuen König. Aber den finden sie nicht durch Sterne. Sie finden ihn erst durch die Bibel.

Bibel

Die Weisen kommen durch ihr Suchen am Firmament nicht zum Kind in der Krippe. Sie finden in den Sternen nur grobe Umrisse der Botschaft. Sie gehen ihrer eigenen Logik nach und sagen sich: Wo wird ein König geboren? In einem Palast natürlich. Darum kommen sie zunächst bei Herodes an, nicht bei Jesus. Herodes ist ein großer Baumeister, aber ein noch brutalerer Herrscher seines Volkes. Aus Angst, man könnte ihm den Thron nehmen, ließ er drei seiner Söhne und seine Schwiegermutter umbringen. Dieser Herodes lässt natürlich gleich nach einem möglichen neuen König forschen. Er ahnt und fürchtet, dass da ein neuer Konkurrent aufkommen könnte.

So erleben die Weisen auf einmal eine Bibelstunde. Denn Herodes lässt Theologen antreten, königliche Schriftgelehrte. Sie suchen nun in der Schrift. Sie schlagen die Bibel auf, um zu sehen, wo der Messias zur Welt kommt. Ihre Antwort lautet: in Bethlehem.

Die Sternenbotschaft war unklar, zweideutig. Erst Gottes Wort gibt genaue Auskunft. Die Weisen finden Jesus nicht mit ihren menschlichen Möglichkeiten – auch darin werden sie Vorläufer aller Heidenvölker, die zum Glauben an Christus kommen sollten (wir gehören im Grunde ja auch dazu): Wir finden Jesus nicht mit unserem menschlichen Wissen. Wir finden ihn weder in der Natur noch in der Musik, weder in einer Selbstversenkung, in der der Mensch um sich selbst kreist, noch in Astrologie und Horoskopen.

Wir finden Jesus, und mit ihm den lebendigen Gott, durch die Bibel und die aus ihr verkündigte Botschaft. Bereits die ersten Christen mussten sich mit astrologischen Irrlehren auseinandersetzen; Sterne wurden und werden bis heute vergöttert. Horoskope und anderer Aberglaube haben bis heute Hochkonjunktur. Man muss sich nur die Zeitschriftenständer ansehen – wie viel Sehnsucht nach einem letzten Halt steckt hinter den vielen Blättern? Wie viel Suche nach Heil und nach einer letzten Kraft, die mich hält und trägt, kommt in all dem Aberglauben zum Ausdruck, im Kartenlesen oder Pendeln?

Aber die Weisen landen mit ihrer Sternkunst beim falschen König. Die zweite Lektion im Erkennen, die Gott mit den Weisen durchgeht, ist die Bibel. Erst sie zeigt ihnen den Weg zum Messias, zum Christus, zum von Gott gesandten Retter.

Wir leben heute in einer Zeit, in der viele denken: Es gibt doch so viele gleich gültige Wege, um Gott zu finden. Da ist es doch am Ende gleichgültig, welchen Weg ich gehe. Aber die Geschichte der ersten Heiden, die Jesus anbeten, zeigt: Sie finden den Weg zur Krippe durch Gottes Wort, die Bibel. So machen sie sich auf den Weg, so finden sie Bethlehem, so kommen sie zum Kind. Und dann kommen sie zum dritten Schritt ihres Erkennens, sie finden zur Hingabe.

Hingabe

Die Weisen finden das Kind – und da geschieht es: Die Magier knien vor dem Baby nieder. Die Repräsentanten der Welt huldigen dem Retter der Welt.

Sie sind die ersten Heiden, die zu Christus kommen. Ganz am Ende des Matthäusevangeliums gibt Jesus den Auftrag zur Gegenrichtung des Weges, den die Weisen gegangen sind: *Geht hin in alle Welt und sagt die frohe Botschaft weiter*[55] – die Botschaft, dass Gott sich finden lässt, weil er uns längst gefunden hat.

---

[55] vgl. Matthäus 28,19

Das menschgewordene Wort

Die Weihnachtsbotschaft des Johannesevangeliums

Anhand der Weihnachtsbotschaft des Johannesevangeliums stellen wir sechs Fragen zu Weihnachten. Weil auch Weihnachtslieder ihre Antworten enthalten, werden sie hier mit abgedruckt (bei einer Betrachtung im Gottesdienst wurden die Lieder an den entsprechenden Stellen gesungen).

Jauchzet, ihr Himmel, frohlocket, ihr Engel, in Chören,
singet dem Herren, dem Heiland der Menschen,
zu Ehren!
Sehet doch da: Gott will so freundlich und nah
zu den Verlornen sich kehren.

Jauchzet, ihr Himmel, frohlocket, ihr Enden der Erden!
Gott und der Sünder, die sollen zu Freunden
nun werden.
Friede und Freud wird uns verkündiget heut;
freuet euch, Hirten und Herden![56]

An Heiligabend steht meistens die bekannte Weihnachtsgeschichte im Mittelpunkt: *Es begab sich aber zu der Zeit …* (Lukas 2,1ff) – die vielleicht berühmteste Erzählung der Welt. Lukas hat sie aufgeschrieben. Er schildert Maria und Josef, das Kind, die Windeln, die Engel und Hirten – und das alles nah, menschlich, zum Miterleben. Die Weihnachtsgeschichte sozusagen *von unten*.

Es gibt aber noch eine ganz andere Weihnachtsgeschichte, eine *von oben*. Sie steht am Beginn des Johannesevangeliums. Wir finden dort von Maria und Josef keine Spur. Hirten und Könige kommen nicht vor. Krippe und Stall fehlen. Und doch ist es eine Weihnachtsbotschaft. Sie bringt das Weihnachtswunder kompakt auf den Punkt, theologisch tiefgründig zum Mitdenken – oder zum Mitsingen. Wie erhabene Glockenschläge läuten die feierlichen Sätze zum Christusfest. Wie ein würdevoller Choral stimmen

---

[56] Gerhard Tersteegen, EG, Nr. 41,1

sie das Geheimnis des Kommens Jesu an, ein gewaltiger Chor:

¹ Im Anfang war das Wort, und das Wort war bei Gott, und Gott war das Wort.
² Dasselbe war im Anfang bei Gott.
³ Alle Dinge sind durch dasselbe gemacht,
und ohne dasselbe ist nichts gemacht, was gemacht ist.
⁴ In ihm war das Leben,
und das Leben war das Licht der Menschen.
⁵ Und das Licht scheint in der Finsternis,
und die Finsternis hat's nicht ergriffen.

⁹ Das war das wahre Licht, das alle Menschen erleuchtet, die in diese Welt kommen.
¹⁰ Er war in der Welt, und die Welt ist durch ihn gemacht; aber die Welt erkannte ihn nicht.
¹¹ Er kam in sein Eigentum;
und die Seinen nahmen ihn nicht auf.
¹² Wie viele ihn aber aufnahmen,
denen gab er Macht, Gottes Kinder zu werden,
denen, die an seinen Namen glauben,
¹³ die nicht aus dem Blut noch aus dem Willen des Fleisches noch aus dem Willen eines Mannes, sondern von Gott geboren sind.
¹⁴ Und das Wort ward Fleisch und wohnte unter uns, und wir sahen seine Herrlichkeit,

eine Herrlichkeit als des eingeborenen Sohnes vom Vater, voller Gnade und Wahrheit.
¹⁶ Und von seiner Fülle haben wir alle genommen Gnade um Gnade.[57]

Weihnachten – was geschieht da?

Die Weihnachtsgeschichte *von oben* ist anders als die Erzählungen, die wir im Lukas- oder Matthäusevangelium finden. Sie schildert nicht, was Maria erlebt, was die Hirten hören, was Herodes denkt. Das Johannesevangelium schildert, was Gott denkt. Es führt an Weihnachten sozusagen hinter die Kulissen der Pläne Gottes. Weihnachten – was geschieht da?

Das Wort wurde Fleisch[58] – das ist Weihnachten in einem Satz. *Das Wort* – Gottes Wort. Auf Griechisch heißt es *logos*. Und *logos* ist nicht einfach ein dahingesagtes Wort, das rasch verhallt. Sondern Wort von Gott. Etwas von Gott selbst, wirksam und kräftig.

Vielleicht haben Sie gespürt: Diese feierlichen Sätze umkreisen dieses Wort, schildern es fast gegensätzlich: Das Wort war bei Gott, kommt von Gott, ist Gott und doch wieder von Gott zu unterscheiden. Das ist Jesus, sagt diese Weihnachtsbotschaft. Er ist das Wort

---
[57] Johannes 1,1 ff
[58] Vers 14

Gottes in Person. In ihm hat es Hand und Fuß bekommen. In Jesus hat Gott seine heilige Gegenwart geerdet. Das Wort wurde *Fleisch*, das bedeutet: Es wurde Person mit Körper und Seele. Es *wohnte unter uns*,[59] wörtlich übersetzt: *Es zeltete unter uns.*

Die alten Israeliten wussten, was damit gemeint ist, mit diesem *Zelten* Gottes. Die Wüstenwanderung mit ihren Gotteserfahrungen hat sich in das kollektive Gedächtnis eingebrannt, der Weg nach dem Auszug aus Ägypten ins *gelobte Land*: Dort in der Wüste hatten sie das *Zelt der Begegnung*, wie sie es nannten: der Ort, von dem Gott sagte: Da bin ich für euch zu sprechen. Natürlich wussten sie: Gott ist überall. Aber hier hat er dem wandernden Gottesvolk seine heilige Gegenwart zugesagt. Aus dem *Zelt der Begegnung* wurde später unter König Salomo der Tempel, genauer: das *Allerheiligste* im Tempel. Bei seiner Einweihung, so erzählt die Bibel, zog Gottes Herrlichkeit dort ein, Glanz seiner Gegenwart.

Und nun diese Weihnachtsbotschaft: In dem Wort, das Fleisch wurde in dem Mensch Jesus Christus, kam Gottes Gegenwart noch mal ganz neu zu uns, zeltete in seiner Person bei uns. Wir können auch sagen: In ihm hat sich Gott verbindlich in der Welt angemeldet. Wenn jemand in eine andere Stadt umzieht, muss er

---

[59] Vers 14

sich ummelden, muss sich beim Einwohnermeldeamt vorstellen. Gott hat sich uns in Jesus verbindlich vorgestellt.

Ein junger Mann sagte mir mal: »Wissen Sie, Herr Pfarrer, mit Glauben fange ich nicht viel an. Gott? – Wo ist der denn? Ihr Christen redet von Gott, aber wie zeigt er sich? Wo kann ich ihn denn fassen?«

Antwort der Weihnachtsbotschaft des Johannes: Hier, in Christus, ist er zu fassen. Da hat Gott sich gezeigt, sich vorgestellt. Alles Suchen nach Gott kann bei Christus ankommen. Alle Sehnsucht nach etwas Höherem, was dem Leben Sinn und Halt gibt, kann und soll zu Christus führen. Bei ihm können wir zur Ruhe kommen. Bei ihm kann das Suchen zum Ziel gelangen. Bei ihm bestaunen wir das Wunder, wie tief sich der Höchste hier beugt.

Sehet dies Wunder,
wie tief sich der Höchste hier beuget;
sehet die Liebe, die endlich als Liebe sich zeigt!
Gott wird ein Kind, träget und hebet die Sünd;
alles anbetet und schweiget.

Gott ist im Fleische:
Wer kann dies Geheimnis verstehen?
Hier ist die Pforte des Lebens nun offen zu sehen.
Gehet hinein, eins mit dem Kinde zu sein,
die ihr zum Vater wollt gehen.[60]

Weihnachten – seit wann?

Wann hat Weihnachten denn angefangen? Nein, ich meine jetzt nicht den Festbeginn bei uns am 24. Dezember. Sondern in der Bibel. Wann fängt Weihnachten an? Bei Kaiser Augustus? Bei der Geburt im Stall? Oder als der Engel zu Maria kam?

Nein, es war noch viel früher, sagt das Johannesevangelium, weit vor Bethlehem. *Im Anfang war das Wort* – so setzt die Weihnachtsgeschichte hier ein.[61] Am Beginn der Welt und ihrer Zeit. Vielleicht denken Sie jetzt: *Im Anfang* – das sind doch die ersten Worte der Bibel überhaupt. Ja, so ist es: So beginnt das 1. Mosebuch: *Am Anfang schuf Gott Himmel und Erde. Und Gott sprach…* – und es geschah.

Genau so beginnt das Evangelium hier: *Am Anfang* – war schon das Wort, das nun in Christus Mensch wurde. Da spannt sich ein weiter Bogen.

---
[60] Gerhard Tersteegen, EG, Nr. 41,4
[61] Vers 1

Christus war schon vor der Zeit beim Vater, und er wird am Ende der Zeiten dort sein, wo er auf uns wartet. Und Weihnachten können wir darum als Mitte der Zeit verstehen.

Es hat schon seinen tiefen Sinn, wenn wir unsere Jahre danach zählen: 2016 nach Christi Geburt. Ein weiter Bogen – von der Schöpfung zur Vollendung; und das bedeutet für uns, für mich und jeden Menschen: Mein kleines Leben hat in diesem Bogen Platz. Mein Leben von der Geburt bis zum Tod ist nicht nur ein vorübergehender Hauch, zufällig in die Welt geworfen, sondern meine Zeit ist von ihm gehalten, von dem, der war und der sein wird: Meine Zeit ist im Bogen seiner Ewigkeit geborgen. Wunderbar!

> *Wunderbarer Gnadenthron,*
> *Gottes und Marien Sohn,*
> *Gott und Mensch, ein kleines Kind,*
> *das man in der Krippen find't,*
> *großer Held von Ewigkeit,*
> *dessen Macht und Herrlichkeit*
> *rühmt die ganze Christenheit.*[62]

---

[62] Johann Olearius, EG, Nr. 38,1

Weihnachten – was bringt das?

Was bringt Weihnachten – außer schöner Stimmung und ein paar freien Tagen? Was bringt es, wenn das Wort Gottes in Person zu uns kommt? Johannes antwortet: *In ihm war das Leben, und das Leben war das Licht der Menschen.*[63]

Jetzt müssen wir wieder zum Anfang der Bibel sehen: Die Schöpfung fängt mit Gottes Wort an: *Es werde Licht. Und es wurde Licht.*[64] So beginnt Leben.

Und jetzt sagt das Evangelium: *Jesus Christus – das wahre Licht* – damit fängt die neue Schöpfung an. Da beginnt neues, ewiges Leben. Nichts Geringeres will diese Weihnachtsbotschaft uns sagen.

Die tausend Lichter, die wir an Weihnachten anzünden, sind nur ein Zeichen für das eine Licht Jesus Christus. Bienenduftkerzen und Lichterketten sind schöner Glanz. Aber sie leuchten außen. Manche dunkle Wand können sie trotz aller Schönheit nicht durchdringen. Das spüren zum Beispiel Trauernde oder Verzweifelte oder Menschen, die so viele Sorgen zu tragen haben, dass sie nur noch schwarz sehen. Manche empfinden die tausend Lichter an Weihnachten als schön, aber für sie weit weg.

---

[63] Vers 4
[64] 1. Mose 1,3

Das Licht, das mit Christus kommt, leuchtet nicht außen. Es leuchtet innen. Es will in uns scheinen, auch wenn es um uns dunkel ist. Christus kommt auch in unsere Schatten im Leben, er leuchtet in unsere Fragen und Zweifel. Im Evangelium sagt er von sich: *Ich bin das Licht der Welt.*[65] Wer sich diesem Licht öffnet, wird sich selbst anders sehen lernen. Die Tage und Jahre des eigenen Lebens sehen in diesem Licht anders aus – nicht mehr als sinnlose Strecke, und am Ende steht der Tod. Sondern als Weg unter dem Schein des ewigen Christus. Indem er kommt, gibt er der Welt einen neuen Schein. Das bringt Weihnachten.

> *Das ewig Licht geht da herein,*
> *gibt der Welt ein' neuen Schein;*
> *es leucht' wohl mitten in der Nacht*
> *und uns des Lichtes Kinder macht.*
> *Kyrieleis.*

> *Der Sohn des Vaters, Gott von Art,*
> *ein Gast in der Welt hier ward*
> *und führt uns aus dem Jammertal,*
> *macht uns zu Erben in seim Saal.*
> *Kyrieleis.*[66]

---

[65] Johannes 8,12
[66] Martin Luther, EG, Nr. 23,4+5

Weihnachten – für wen?

»... *macht uns zu Erben*«, dichtet Martin Luther. Vielleicht denken Sie jetzt: Moment – wenn ich Erbe bin, wo ist das festgeschrieben? Wo bitte ist das Testament?

Hier ist es. Hier in der Weihnachtsbotschaft beginnt es: *... das Licht, das alle Menschen erleuchtet.*[67] Da sind alle gemeint, Sie und ich dabei. Das ist Gottes Testament, sein neues Testament für die Welt: *Freude, die allem Volk widerfahren ist: Euch ist der Heiland geboren.*[68] Weihnachten ist für *alle*. Nicht nur für Mitteleuropäer und Weiße. Nicht nur für solche mit geraden Lebensläufen. Sondern für alle. Auch für alle mit ihren Brüchen im Leben, für Suchende und Fragende, für Migranten und für Flüchtlinge, für Niedere und Arme. Weihnachten ist für alle, weil Christus für alle kam. Weil er für uns arm wurde.

> *Du bist arm und machst zugleich*
> *uns an Leib und Seele reich.*
> *Du wirst klein, du großer Gott,*
> *und machst Höll und Tod zu Spott.*
> *Aller Welt wird offenbar,*

---

[67] Vers 9
[68] Lukas 2,10f

*ja auch deiner Feinde Schar,
dass du, Gott, bist wunderbar.*[69]

Weihnachten – wozu?

Warum kam Jesus in die Welt? Wozu dieser riesige Aufwand, die gigantische Aktion Gottes?

Antwort der Weihnachtsbotschaft des Johannes: Damit wir Gottes Kinder werden!

Das ist das Ziel der großen Christfestbewegung Gottes: Wir – Gottes Kinder! Nicht nur Kinder unserer Eltern, was immer wir an Glück oder Last damit verbinden. Nicht nur Kinder unseres Landes. Nicht nur Kinder unserer Zeit. Sondern Gottes Kinder.

Kinder müssen nicht verdienen, was sie brauchen. Sie können das gar nicht. Sie leben von ihren Eltern.

Und Kinder Gottes leben von Gott. Das macht sie reich. Die Weihnachtsbotschaft des Johannes bringt es auf den Punkt: Kinder Gottes leben aus der Fülle Gottes und nehmen daraus *Gnade um Gnade.*[70] Ein nie endender Strom der Liebe Gottes. Darin liegt der eigentliche Zielgedanke von Weihnachten: dass wir als Gottes Kinder leben und beim himmlischen Vater Gnade abholen.

---
[69] Johann Olearius, EG, Nr. 38,2
[70] Vers 16

Wir hören an Weihnachten viele gut gemeinte Appelle: Die Welt soll menschlicher werden, mehr Frieden, mehr Nächstenliebe. Das ist nicht falsch. Aber es ist nur die Folge. Der Ursprung der Liebe ist bei Gott. Die Quelle des Friedens ist Christus. Bei ihm können wir Gnade schöpfen für unser Leben[71] – und dann auch für unsere Welt: Gnade um Gnade, jeden Tag neu. Gnade für uns und Gnade zum Weitergeben. Dazu ist Christus gekommen: dass er sich erbarmt.

> *Er ist auf Erden kommen arm,*
> *dass er unser sich erbarm*
> *und in dem Himmel mache reich*
> *und seinen lieben Engeln gleich.*
> *Kyrieleis.*
>
> *Das hat er alles uns getan,*
> *sein groß Lieb zu zeigen an.*
> *Des freu sich alle Christenheit*
> *und dank ihm des in Ewigkeit.*
> *Kyrieleis.*[72]

---

[71] vgl. Vers 16
[72] Martin Luther, EG, Nr. 23,6+7

Weihnachten – und wir?

Etwas Wichtiges haben wir jetzt noch nicht gesehen, aber die Weihnachtsbotschaft des Johannes betont es drei Mal:

Vers 5: *Das Licht scheint in der Finsternis, und die Finsternis hat's nicht ergriffen.*
   Dann Vers 11: *Er kam in sein Eigentum – und die Seinen nahmen ihn nicht auf.*
   Und Vers 10: *Die Welt erkannte ihn nicht.*
   Das kann man also: vom Licht angestrahlt werden, aber es nicht in sich leuchten lassen. Christus vor der Tür wissen, aber die Tür versperren. Weihnachten mit vielen Lichtern feiern – und im Herzen bleibt es dunkel. Ist das auch das Urteil über unser Feiern: *… sie nahmen ihn nicht auf?*

Da hat die Weihnachtsbotschaft des Johannes nun ihren Stachel: Nun nehmt Christus auf. Vielleicht trotz aller Fragen und Zweifel. Nehmt den auf, der Licht und Leben bringt. Lassen wir ihn nicht, weil er uns nicht lässt.

Er will und kann euch lassen nicht,
setzt ihr auf ihn eu'r Zuversicht;
es mögen euch viel fechten an:
dem sei Trotz, der's nicht lassen kann.

Zuletzt müsst ihr doch haben recht,
ihr seid nun worden Gotts Geschlecht.
Des danket Gott in Ewigkeit,
geduldig, fröhlich allezeit.[73]

---
[73] Martin Luther, EG, Nr. 25,5+6

Klaus Göttler

Weihnachten ist ein Geschenk

Broschiert, 10 x 15,5 cm, 168 Seiten
Nr. 395.592,
ISBN 978-3-7751-5592-2

Weihnachten – Zeit der Geschenke. Gott selbst hat damit angefangen, indem er uns Jesus Christus schenkte. Das hier enthaltene Lukas-Evangelium beschreibt eindrücklich seine Geburt und sein Leben. Darüber hinaus wird veranschaulicht, was Weihnachten wirklich bedeutet.

Weihnachten ist ein Geschenk – Musik für die schönste Zeit im Jahr

CD,
Nr. 097.319

Zehn ausgewählte Advents- und Weihnachtsklassiker im popmusikalischen Gewand. Ein ideales Geschenk zur Advents- und Weihnachtszeit, verpackt in einer stilvoll gestalteten Karton-Stecktasche.

Bitte fragen Sie in Ihrer Buchhandlung nach diesen Titeln!
Oder schreiben Sie an: SCM Verlag, D-71087 Holzgerlingen;
E-Mail: info@scm-verlag.de; Internet: www.scmedien.de